다음 세대를 생각하는
인문교양 시리즈

아우름 23

SAIKONO KEKKAO HIKIDASU SHITSUMONRYOKU by Kenichiro Mogi

Copyright ⓒ Kenichiro Mogi, 2016
All rights reserved.
Original Japanese edition published by KAWADE SHOBO SHINSHA Ltd. Publishers

Korean translation copyright ⓒ 2017 by SAMTOH Publishing co., Ltd.
This Korean edition published by arrangement with KAWADE SHOBO SHINSHA Ltd. Publishers,
Tokyo, through HonnoKizuna, Inc., Tokyo, and BC Agency.

좋은 질문이
좋은 인생을 만든다

최고의 결과를 이끌어 내는 질문의 힘

모기 겐이치로 지음 | 박재현 옮김

샘터

스스로 질문해가며 성장한다

어릴 적 학교 수업시간에 선생님들은 학생들에게 이렇게 묻곤 했다.

"지금까지 설명한 내용 중에서 질문이 있는 사람?"

그런데 이렇게 물어도 학생들 중 누구도 손을 들지 않는다. 선생님은 미심쩍다는 듯 "정말 다들 아는 거니? 그럼, ○○가 설명해볼래?" 하며 한 학생을 지명한다. 그러나 학생들이 다 제대로 이해했을 리 없다. 결국 지적당한 학생은 기어들어가는 목소리로 "잘 모르겠는데요"라고 말하며 고개를 푹 숙이고 만다.

여러분도 아마 이런 비슷한 경험이 있을 것이다.

어른이 되어 회사에 입사한 후에도 마찬가지다. 신입사원 연수를 받으며 업무에 관한 내용을 열심히 메모하고 있는데 선배가 갑자기 이렇게 묻는다.

"여기까지 설명한 내용 중에 질문 없나요?"

처음 듣는 낯선 말들이라서 잘 이해 안 되는 것들이 많지만, '뭐, 나중에 확인하면 되겠지'라는 생각에 "네, 없습니다"라고 씩씩하게 대답한다. 그런데 연수를 마치고 실제로 혼자 업무를 해보니 모르는 것투성이다.

그제야 당황해서 "선배님, ○○에 대해서 말인데요, 다시 한 번 설명해주실 수 있을까요?"라고 부탁해본다. 그러면 선배는 십중팔구 "요전에는 안다고 했잖아? 내 설명을 제대로 듣지 않은 거야!"라며 화를 낸다.

우리는 사실 질문하는 데 서툴다. 더 나아가 질문하는 걸 두려워한다.

왜냐하면 질문한다는 것은 '나는 잘 모른다'라고 자백하는 것이기 때문이다. 혹은 초보적인 것을 물어 상대로부터 "맙소사! 그런 것도 모르는 거야?"라고 무시당하는 게 싫기 때문이다. 이처럼 우리는 타인의 시선을 지나치게 신경쓰느라 질문하는 것 자체를 주저한다.

　우리는 이해하지 못했거나 모르는 게 있을 때 질문을 한다. 그래서인지 질문에는 자신의 약점을 드러낸다는 이미지가 있다. 그런데 사실 머리가 좋은 사람일수록 더 자주 묻고 "나는 이것은 모른다!"라고 당당하게 말한다. 이처럼 질문한다는 것이 곧 머리가 나쁘다는 뜻은 아니다.

　아무리 머리가 좋은 사람일지라도 이해하지 못하는 게 있다. 이건지 저건지 긴가민가하고 모호하기만 한 의문은 누구나 갖고 있다. 고등학교를 졸업한 후에는 '대학에 진학할지 아니면 취업할지'를 고민하고, 영업을 할 때는 '상대는 어떤 상품과 서비스를 원하는가'를 두고 주저한다. 하물며 지극히 개인적인 결혼에 대해서도 '그 사람과 결혼해도 될까?' 하며 망설인다. 이런 모호한 상황을 해소하기 위하여 자신 혹은 타인에게 하는 행위가 '질문'이다.

"어떻게 하면 좋을까?"

이런 질문을 던짐으로써 우리는 앞으로 나아갈 수 있는 계기나 현재의 상황을 바꿀 수 있는 조언을 얻는다. 질문이란 지금 자신이 처한 상황이나 자기 자신을 크게 바꾸는 힘이다. '지금처럼 살면 더 바랄 나위가 없다'며 현상 유지만을 목표로 하고, '나는 빈털터리야' '언젠가는 멋진 사람과 만나고 싶어'라며 자신의 상황에 대해 불평만 하는 사람에게서는 죽었다 깨어나도 나올 수 없는 것이다.

지금보다 더 잘하고 싶다, 내가 모르는 미지의 것들과 만나고 싶다, 더 좋은 세상을 만들고 싶다……, 그러기 위해서는 무엇을 어떻게 하면 좋을까? 질문이란 이런 생각을 하면서 현재의 상황을 극복하고 앞으로 나아가려는 사람에게서 나오는 것이다.

질문은 인생을 보다 나은 것으로 만든다. 불평하는 것으로는 아무것도 바뀌지 않기에 "나는 지금 이것을 모른다, 못한다"라고 솔직히 인정하고 질문함으로써 우리는 앞으로 나아갈 수 있다.

그러나 모든 질문이 다 좋은 것은 아니다. 질문이 나쁘면 자신의 현재 상황을 유지하는 데 그쳐 오히려 어떤 변화도 가져오지 못한다.

좋은 질문에는 자기 자신뿐 아니라 주위 사람들까지도 변화시키는 놀라운 힘이 있다. 질문을 통해서 세상이 지금보다 조금이라도 바람직한 방향으로 나아갈 수 있도록 생각하는 사고의 습관이 머릿속 깊이 자리하게 된다.

이 책에서는 여러분을 크게 변화시킬 질문과 그 구체적인 방법에 대하여 이야기하려고 한다. 다소 거창할지도 모르지만 질문에 의해 자기혁신을 이루고 자신을 둘러싸고 있는 환경을 개선함으로써 결국은 세상을 바꾸자는 게 이 책의 목표다.

여기서 한 가지 질문을 해보려고 한다.

여러분은 지금 어떤 고민거리를 갖고 있는가?

나로서는 여러분이 어떤 고민거리를 갖고 있는지 알 수 없다. 안다해도 그 해결법은 사람마다 다를 것이다.

하지만 걱정할 필요는 없다. 나는 이 책을 통해 여러분처럼 고민을 가진 사람들이 스스로 질문해가면서 성장하고, 자신의 뇌가 가진 가능성을 최대로 끌어올리는 방법을 전하려고 한다.

여러분이 이 책을 읽고 난 뒤 '한번 시도해볼 만한 조언으로 가득하다!'며 적극적으로 자신의 고민을 해소해보려는 에너지로 넘치기를 바란다.

| 차 례 |

6장 일상생활에서 활용하는 질문의 기술

1장.

질문은
인생을 바꾼다

어떤 사람이
좋은 질문을 할까?

자신의 인생을 보다 나은 방향으로 이끌어가기 위해서는 어떻게 하면 좋을까?

아무런 문제도 없는 무난한 인생을 살아가는 사람은 이 세상에 단 한 사람도 없다.

여러분은 보다 나은 인생을 위해 구체적으로 어떻게 노력하고 있는가?

친구에게 불만을 토로하고 울적함을 털어내는가? 아니면, 문제가 있어도 모른 척 외면해버리는가?

나는 이런 경우에는 알쏭달쏭한 문제를 애매한 채로 내버려두지 말고 철저히 문제제기를 하고 자신이 해결할 수 있는 것으로 다시 쓰라고 조언한다. 그럴 수 있는 사람만이 행복한 인생을 살아갈 수 있기 때문이다.

1980년대에 방영되었던 영국의 정치제도를 신랄하게 풍자한 걸작 코미디 〈네, 장관님Yes, Minister〉에 이런 인상적인 장면이 있다.

하루는 퇴임을 앞둔 어느 관료가 후배를 만나 후임으로 누가 좋을지를 묻는다. 그러면서 "후임자라면 핵심이 되는 질문을 할 수 있어야지"라고 덧붙인다.

그러자 후배는 선배의 말에 동의하며 잠시 이야기가 중단된 틈에 돌연 이렇게 묻는다.

"그런데 선배님은 퇴임 후에 어떤 일을 하고 싶으신가요?"

영국에도 전관예우라는 게 있을테고, 후배는 그 이야기를 하려고 이런 질문을 던졌을 것이다. 그러자 선배는 "내 후임에는 역시 자네가 제격이야"라며 마음을 굳힌다.

핵심이 되는 질문이란 무엇인가?

선배가 물었을 때 후배 관료는 지금 후보로 거론되고 있는 사람들의 소문이나 그들의 사상, 신념 등 후임자를 선택하는 데 도움이 될 화젯거리를 말할 수도 있었을 것이다. 그런데 그 대신 대화 상대를 배려하는 질문을 했다.

　일반적으로 정치적 인사에 있어 최우선적으로 고려되는 건 퇴임 후 자신의 안위가 보장되는지의 여부다. 그런 면에서 후배의 질문은 인간이 실제로 어떤 것에 마음이 움직이는지를 심리적으로 깊이 파헤치고 있다. 그런 까닭에 선배 관료의 마음을 단숨에 움직인 것이다.

　물론 코미디이기에 '누구나 자신의 안위를 최우선한다!'는 점을 풍자하는 것이기도 하지만, 영국에서는 전통적으로 애매한 상황을 단박에 해결로 이끄는 질문을 하는 사람을 '명석하다'고 높이 평가한다.

문제제기를
할 수 있는 사람이
훌륭하다

수학의 세계에는 '페르마의 마지막 정리'라고 불리는 오랜 세월 증명되지 않았던 어려운 문제가 있다.

'n이 3 이상의 자연수일 때 $X^n + Y^n = Z^n(xyz \neq 0)$을 충족하는 정수 X, Y, Z는 존재하지 않는다.'

지금 이 내용에 대하여 몰라도 상관없다. 이 문제를 제기한 것은 피에르 페르마Pierre de Fermat라는 17세기 프랑스의 수학자로, 1994년이 되어서야 앤드루 와일스Andrew Wiles라는 영국의 수학자가 그의 질문이 옳다는 것을 수학적으로 증명해냈다.

여러분은 문제제기를 한 페르마와 문제를 증명해낸 와일스 중 어느 쪽이 위대하다고 생각하는가? 물론 둘 다 머리가 좋은 것은 분명하다.

　페르마는 '이 문제를 증명할 수 있는 놀랄 만한 간단한 방법을 발견했지만, 그것을 여기에 적기에는 여백이 너무 좁다'라는 말을 종이에 남겼을 뿐이다. 반면 와일스는 '모듈성 정리'나 '타원함수론' 같은 매우 어려운 수학을 사용하여 페르마의 정리를 증명해냈다.

　그러나 안타깝게도 와일스의 그러한 고생에도 불구하고 수학사에서는 페르마를 더 높이 평가한다.

　수학의 세계에는 '문제를 푼 사람'보다 '문제를 제기한 사람'이 훌륭하다는 인식이 분명히 있다. 그런데 우리는 어쩌면 그와는 반대로 '주어진 문제를 보다 빨리 푸는 사람'이 더 훌륭하다고 생각하고 있는 것은 아닐까.

혁신을 일으키는
질문

구글이 현재 힘을 쏟는 프로젝트로 '프로젝트 룬Project Loon'이라는 것
이 있다. 이 프로젝트와 관련해 그들이 갖고 있는 질문은 이것이다.

'전 세계 어디서든 인터넷을 사용할 수 있으려면 어떻게 해야 하
는가?'

외출했을 때 스마트폰 외에 인터넷을 사용해야 할 일이 생기면
무선 인터넷이 되는 곳을 찾아가야 한다. 호텔에서는 얼마든지 사용
할 수 있다, 스타벅스에서는 등록만 하면 가능하다, 그 가게라면, 그
역이라면……. 이처럼 인터넷을 사용할 수 있는 곳을 찾아 헤맨다.

물론 조금 번거롭긴 하지만 예전과 비교하면 대단히 편리해졌기

때문에 우리는 대체로 만족스러워한다.

이처럼 보통 사람들은 사소한 불편이 있어도 현재의 상황에 어느 정도 만족하면 질문하는 걸 멈춘다. 그런데 구글은 달랐다.

'인터넷을 쓰기 위해 왜 내가 움직여야만 하는가?'

'왜 불편을 참아야 하는가?'

'어디서든 편하게 인터넷을 이용할 수 있는 세상을 만들기 위해서는 어떻게 해야 하는가?'

구글은 그런 질문을 해왔다.

전 세계 어느 곳이라도 인터넷으로 연결되는 세상을 만들 수 있다면 지금과는 전혀 다른 세계가 펼쳐질 것이다. 만일 산 속에서 길을 잃어도 무선 인터넷을 사용해 무사히 돌아올 수 있을 것이고, 병원이 없는 아프리카 사막에서 병에 걸린다 해도 인터넷으로 스스로 병의 원인과 대처법을 알아볼 수 있을 것이다.

이런 새로운 세계를 바라보았기에 그들은 결코 현재에 만족하지 않고 구체적으로 '전 세계 어디서든 인터넷을 사용할 수 있으려면 어떻게 하면 좋은가?'라는 질문을 끊임없이 던졌던 것이다.

이 질문에 대하여 현재 구글이 내놓은 답은 다음과 같다.

'풍선을 사용하여 인터넷 기지국을 공중에 띄우면 어떨까!'

　　　　　　　　　　　　　　좋은 질문이 좋은 인생을 만든다

만약 무선 통신기를 실은 수천 개의 풍선이 성층권을 둥실둥실 떠다닌다면 전 세계 어디서든 편하게 인터넷을 사용할 수 있을 것이다. 풍선은 넓은 사막 위는 물론이고 높은 산 위도 통과할 수 있다.

또 이렇게 하늘에 두둥실 떠 있는 기지국이 있다면 재해로 지상의 기지국을 사용할 수 없는 경우에도 통신이 가능하다. 분명 획기적인 아이디어라 할 수 있다.

실제로 구글에서는 프로젝트를 설립하여 풍선을 사용한 인터넷 기지국을 시험 삼아 만들어보고 있다.

'프로젝트 룬'의 '룬Loon'은 '얼간이, 바보'라는 의미로, '벌룬balloon (풍선)'에서 가져온 이름이기는 하지만 상식 밖의 도전이라는 뜻도 담고 있다. 그들 스스로 자신들의 프로젝트에 이런 이름을 붙인 것이다. 물론 그들이 제시한 답에 전혀 문제가 없는 것은 아니다. 풍선은 터지기 쉽고 제어하기도 쉽지 않기 때문이다. 그러나 만약 현실화된다면 분명 세계를 바꿔놓을 아이디어이고, 수많은 풍선들이 지구에 둥실 떠 있는 모습은 상상만 해도 왠지 사랑스럽다.

이 답이 최고는 아니다. 다른 안이 나온다면 그게 더 나을지도 모른다. 하지만 아직은 다른 아이디어가 떠오르지 않으니 지금까지 찾아낸 답을 먼저 시도해본다. 구글이 위대한 것은 바로 여기에 있다. 그들은 '전 세계 어디서든 인터넷을 사용할 수 있으려면 어떻게 해야 하는가?'라는 질문을 던지고 해결책을 찾았다. 그리고 그렇게 떠올린 단 하나의 아이디어를 우선 현실화하기 위해 행동했다.

아이디어가 떠오르면
당장 시도해본다

이와 비슷한 예로, 세계최대 항공화물 운송회사 페덱스FedEx를 꼽을 수 있다. 페덱스가 세계 최초로 내놓은 질문은 이것이다.

'미국 안의 A지점에서 B지점으로 화물을 효과적으로 운반하기 위해서는 어떻게 하면 좋을까?'

이 질문이 나오기 전까지는 A지점에서 B지점으로 화물을 옮기려면 직접 A지점에서 B지점으로 가져가는 수밖에 없다고 여겼다. 그러나 미국 내 모든 우편물을 직접 운반하는 것은 엄청난 일이다. 이 문제에 대하여 페덱스가 내놓은 잠정적인 답은 '허브라고 불리는 중계지점을 만들고 일단 그곳에 물건을 모으는' 것이었다.

이렇게 하면 매일 모든 운송품들을 일일이 지정된 장소로 운반하는 것보다 얼핏 우회하는 듯 보이지만, 실제로는 애틀랜타나 시카고의 큰 공항에 일단 모았다가 거기서 한꺼번에 옮기니 더 효율적이다. 그리고 지금은 이 방식이 세계의 표준이 되었다.

어쩌면 더 좋은 아이디어가 여럿 있을지도 모른다. 그러나 가장 먼저 떠올린 것을 시도해본다. 세계를 바꾸는 혁신은 조금이라도 나은 방향으로 나아갈 가능성이 있다면 일단 해보는 가벼움에서 나온다. 더 나은 아이디어가 있을 거라고 언제까지고 주저하고만 있으면 아무것도 바뀌지 않는다.

진중하게 완벽을 추구하는 것보다 '이런 건 싫다!'라는 위화감이나 '이러면 좋겠다!'라는 희망을 갖고 구체적으로 '이래 보면 어떨까?'라고 질문하는 것에서 모든 게 시작된다.

혁신을 일으키는 사람은 무엇보다 '정답을 모른다'는 이유로 머릿속에 떠오른 질문을 해결되지 않은 채 내버려두지 않는다. 아무리 작은 답일지라도 자신이 구체적으로 대처할 수 있는 형태로 바꿔 행동하고 일을 진행시킨다. 이것이 핵심이 되는 질문을 할 수 있다는 의미다.

좋은 질문이 좋은 인생을 만든다

구체적인 문제로 바꾸어놓는다

이런 말을 하면 핵심이 되는 질문을 할 수 있는 것은 혁신적인 회사에서 일하는 사람에게나 해당되는 거라고 생각하는 사람도 있을 테지만 그렇지는 않다.

일상생활 속에서 핵심이 되는 질문을 하는 능력은 매우 중요하다. 질문을 함으로써 인생을 보다 나은 방향으로 이끌어갈 수 있기 때문이다.

어느 여성지의 독자모델이 취재차 내가 일하는 연구소를 방문한 적이 있다.

"남자 친구가 없어서 고민이에요."

이런 고민을 털어놓은 그녀에게 나는 이런 질문을 던졌다.

"당신은 일 년에 몇 명 정도의 남자와 마음을 터놓고 이야기할 기회가 있나요?"

그녀는 회사의 안내데스크에서 일하고 있어서 낯선 남성과 만날 기회가 결코 적지는 않았다. 그렇다고 해도 상대가 어떤 사람인지 파악할 수 있을 만큼 충분히 마음을 터놓고 대화를 나누는 건 일 년에 두세 명 정도였다.

"그럼 당신은 이 세상의 수많은 남성들 가운데 두세 명을 만나고 거기서 연인을 찾으려는 건가요?"

내가 그렇게 묻자 그녀는 움칫 놀랐다.

"남자 친구가 없는데 어쩌면 좋죠?"

이런 막연한 문제도 자신이 놓여 있는 상황을 잘 살피고 이유를 생각하면 구체적으로 접근할 수 있는 질문이 된다. 그녀의 경우는 이랬다.

"어떻게 하면 괜찮은 남자들과 마음을 터놓고 이야기할 기회를 늘릴 수 있을까요?"

이렇게 구체적인 질문으로 바꾸면 '소개팅을 한다' '취미 동호회에 간다' '결혼 소개업체에 등록한다' 등등 자신에게 맞는 노력을 할 수 있다.

좋은 질문이란 그것을 바탕으로 일을 시작하거나 행동하거나 혹은 문제에 대처할 수 있는 것이어야 한다.

아리송하고 애매모호한 것을 자신이 행동할 수 있는 구체적인 문제로 다시 쓸 수 있어야 한다. 비록 최고의 해결법이 아니라도 좋으니 일단 문제에 대처할 방법을 발견한다. 그것이 '좋은 질문'이 가지는 의미다.

막연한 질문을 구체적인 질문으로 다시 쓸 수 있다면 어떤 상황에 처해 있어도 자신에게 맞게 행동할 방법을 찾을 수 있기에 자립적으로 살아갈 수 있다.

왜 우리는
질문이 서툴까?

우리는 지금껏 학교시험이나 입학시험에서 오로지 답만 찾아왔다. 회사에서도 주어진 업무를 최대한 빠르고 정확하게 해내는 것이 중요하다.

언제나 빨리 답을 찾아내야 인정받고 좋은 평가를 받았기 때문에 질문을 하고 스스로 문제를 발견하려는 습관을 키울 수 없었다. 대부분의 사람들은 여전히 '답을 찾으면 문제는 해결된다'고 믿는다. 그래서 질문할 시간이 있으면 서둘러 답이나 찾겠다고 말하기도 한다.

질문을 하기 위해서는 평소와 다른 방식으로 두뇌를 사용해야 하기 때문에 확실히 번거롭다. 그러나 생각해보면 더 빨리 정답을 찾아내기 위해 노력하는 삶이 오히려 우리를 옹색하게 만들지는 않았을까? 그 이유는 오로지 타인의 요구에 맞추어 답을 찾느라 더 나은 자기만의 삶의 방식이 있음에도 그것을 추구하지 않았기 때문이다.

구글이나 페덱스도 제시된 문제를 푸는 게 아니라 그들 스스로 질문을 만들어 물음으로써 문제를 해결해냈다. 거듭 말하지만, 세상은 문제를 푼 사람보다 문제를 제기한 사람을 더 높게 평가한다.

우리는 지금껏 주어진 문제에서 100점을 받겠다는 목표로 열심히 살아왔다. 하지만 이제라도 구글이나 페덱스가 했던 것처럼 학교나 직장, 일상생활에서 스스로 문제를 만들어 묻고 풀면 된다.

앞으로는 주어진 질문에 답하기 위해 노력하는 것이 아니라 애당초 질문하지 않는 태도에서 벗어나려는 노력이 필요한 시대가 될지도 모른다. 즉, 자신의 문제를 해결하기 위하여 우리는 질문할 필요가 있다.

질문이란 사고 정지 상태에서 벗어나는 것으로, 세상 어딘가에 100점 만점의 상태가 있을 것이라고 생각하는 사람은 유감스럽게도 질문력이 낮다고 볼 수 있다.

좋은 질문이 좋은 인생을 만든다

우리가 영어를 잘하지 못하는 이유

영어 공부를 예로 들어 생각해보자. '이렇게 하면 영어를 잘할 수 있다!'라는 정답이 과연 존재할까?

우리 주변에는 틀리는 게 두려워서 영어로 말하는 걸 주저하는 사람이 많다.

학교에서는 영어를 잘 하기 위해서는 주어가 he나 she 같은 3인칭일 때 동사에 -s나 -es를 붙이는 문법상의 세세한 내용을 알아야만 한다고 배운다. 그런데 그렇게 중고등학교 6년간을 배워도 영어 실력은 나아지지 않는다. 그렇다면 이 방법은 정답이 아니다.

본디 '이것이 정답!'이라는 영어 학습법은 존재하지 않는다. 같은 원어민이라도 A가 말하는 영어와 B가 말하는 영어는 다르다. 또 영어의 달인 중 달인이라 할 수 있는 극작가 윌리엄 셰익스피어쯤 되면 보통 사람과는 어휘와 사용법 자체가 다르다.

'모두가 똑같이 바른 영어를 말해야 하고 나도 그래야 한다.'

이것은 잘못된 생각이다. 사실 같은 영어라 해도 그 종류는 이루 헤아릴 수 없이 많다. 그런데도 우리나라에서는 정답이 정해진 시험만을 치르고 경쟁한다.

매킨토시 컴퓨터, 아이폰이라는 독창적인 상품을 차례로 만들어 낸 애플에는 'Think Different(남과 다른 생각을 하라)'라는 유명한 슬로건이 있다.

그 슬로건 아래서 애플은 알베르트 아인슈타인, 파블로 피카소, 마리아 칼라스, 마하트마 간디처럼 각계의 괴짜들을 그린 그림을 사용하여 '떠나간 사람들에게 건배! 다른 시점으로 세상을 본다. 그런 이들을 응원하는 것이 우리 회사다'라는 CF를 만들었다.

'Think different'는 스티브 잡스가 만든 말로 사실 문법적으로는 틀린 말이다. 그러나 형용사를 부사로 바꾸는 '-y'를 붙이지 않음으로써 '우리는 틀렸다'라는 생각이 더욱 선명하게 전해지는 것 같다. 이것은 '옳음'이 아니라 '감각'이다.

언어라는 건 옳음이 아닌 각자의 감각으로 이야기하는 것이다.

'이렇게 말하는 게 상대에게 더 잘 전해지지 않을까?'

그런 질문을 하면서 문법에 구애받지 않고 상대방에게 보다 분명히 내 뜻을 전할 수 있는 방법을 연구하는 게 좋다.

세상에
정답은 없다

여러분은 어떤 문제에는 이미 정해진 답이 있다고 생각하지는 않는가? 혹은 나는 잘 모르지만 분명히 정답은 있고 다른 누군가에게 그것을 배우면 될 거라고 생각하지는 않는가?

하지만 사실 우리가 이 세상에서 만나는 대부분의 문제에는 정답이 존재하지 않는다.

그런데 다들 이구동성으로 '이래야 한다'며 마치 이미 정해진 답이 있는 것처럼 말한다.

만약 무조건 타인이 정한 방식을 따른다면, 우리는 스스로 핵심이 되는 질문을 하고 이런저런 궁리를 해서 답을 찾는 걸 잊게 된다.

인생의 중요한 문제에 대해서는 남에게 의견을 묻거나 다수의 생각을 따르는 게 좋다고 생각할지도 모르지만, 내 문제를 '누군가가 해결해줄 것'이라고 생각하는 건 큰 착각이다. 그것은 스스로 생각하기를 포기한 것과 다름없다.

'서른 전에는 결혼해야 한다.'
'일류 기업에 들어가기 위해서는 일류 대학에 가야 한다.'
'유능한 사람처럼 보이려면 이런 옷차림을 해야만 한다.'
우리는 어느 사이엔가 이런 식의 규칙을 마치 정답인 양 믿고 있다.
그러나 절대적으로 평안한 결혼이나 기업은 없다. 게다가 정말로 편찻값(일본 입시제도의 상대평가 지표-옮긴이)이 높은 대학이 일류 대학인 걸까?

나는 어릴 적부터 나비를 관찰하는 것에 큰 흥미를 느껴왔다. 나의 인격 형성에 이처럼 지대한 영향을 미친 것은 없으며, 쉰 살이 넘은 지금까지 단 한 차례도 흥미를 잃어본 적이 없을 정도다. 그래서 그 능력을 대학 입시에서 인정받고 싶었다. 하지만 나비의 종류에 대하여 묻는 대학 입시는 존재하지 않는다.

일본에서는 국어, 수학, 영어, 물리, 화학, 세계사, 국사 등등의 시험으로 측정한 편찻값을 가지고 대학 입시를 치루고, 그것이 나중에 어떤 회사에 들어갈지를 결정하기도 하는데 과연 그런 세계가 정답일까?

얼마든지 그렇지 않은 세계도 있을뿐더러 실제로 미국 같은 곳의 입시 방식은 완전히 다르다.

이런 입시가 존재하는 나라에서 살려면 잠자코 따르는 수밖에 없을지도 모른다. 그러나 나는 부단히 이런 상황을 바꾸려고 트위터를 비롯한 각종 매체를 이용하여 '편찻값 입시'를 반대해왔다. 하지만 아직도 바꾸지는 못했다. 그런 의미에서 나는 아직 이 문제에 대해 핵심이 되는 질문을 내놓지 못했다고 할 수 있다.

머리가 좋은 사람은
자신에게 질문한다

내가 존경해 마지않는 고교시절 친구인 와니 아키치가 생각난다. 그는 지금껏 내가 만난 사람 중 가장 똑똑한 사람으로, 학창시절 센터 시험(당시에는 공통 1차 시험이라고 했다)에서 전국 1위의 성적을 거뒀다. 그런데 그런 뛰어난 친구에게도 대학 입시는 힘든 것이었는지 의외의 모습을 보인 적이 있다.

어느 날 하굣길에 역 플랫폼에 서서 책을 읽고 있는 그를 만났다. 나는 무슨 책을 읽는지 궁금해서 다가가 말을 걸었다.

"무슨 책 읽어?"

"응. 입시 공부가 너무 힘들어서. 집에 가는 자투리시간이라도 이

좋은 질문이 좋은 인생을 만든다

렇게 책을 읽지 않으면 스트레스가 너무 심해."

그렇게 말하면서 내게 보여준 건 엘리자베스 1세의 전기였다. 게다가 영어로 된 원서였다.

"윽, 재미없겠다!"

나폴레옹처럼 유명한 인물의 이야기라면 몰라도 자신의 인생에 어떤 영향도 미칠 것 같지 않은 인물의 전기였다.

그날 나는 '센터 시험 전국 1위'라는 타이틀보다도 엘리자베스 1세의 전기를 읽던 모습을 통해 그 친구의 개성을 확실히 엿본 것 같았다.

편찻값 입시는 정답이 아니지만 그걸 바꾸는 게 결코 간단한 일은 아니다.

그러나 세상을 바꿀 수는 없어도 인생을 즐겁게 살아갈 방법은 얼마든지 찾을 수 있다. 와니는 등하교하는 자투리시간에 좋아하는 책을 읽으면서 자신을 지키는 방법을 택했던 것이다.

일단 정답으로 여겨지는 게 있어도 '이것이 모든 것이 아니라는 것'을 아는 게 중요하다.

머리가 좋은 사람일수록 '절대적인 정답은 없다'는 걸 알기에 많은 질문을 한다. 그것은 '이래야 한다'는 답을 얻기 위해서가 아니라 스스로 문제를 명확히 하고 행동하기 위한 방법이다.

와니가 던진 질문은 이것이다. '늘 정해진 공부만 하는 건 고통스러우니 적어도 등하교 시간만이라도 달리 할 게 없을까?' 이런 작은 아이디어가 일상을 한층 기분 좋게 만든다.

머리가 좋은 사람은 이런 작은 아이디어를 계속 찾아가기 때문에 타인이 생각한 방법도 얕잡아보지 않는다. 이렇듯 마음 편히 살아가기 위한 작은 노력을 해나가는 것이야말로 현명함이 아닐까.

타인의 대답을 구하지 않는다

전 세계적으로 유명한 영국의 소설가 더글러스 애덤스의 SF소설 《은하수를 여행하는 히치하이커를 위한 안내서》에 이런 이야기가 나온다.

어느 우주인이 '생명, 우주 그리고 만물에 대한 궁극의 질문에 대한 답'을 계산하기 위해 슈퍼컴퓨터를 만든다. 그리고 모두가 이 슈퍼컴퓨터가 어떠한 답을 낼지 마른침을 삼키며 지켜본다. 인간을 초월한 존재인 만큼 그 대답에 마음이 쓰였던 것이다.

슈퍼컴퓨터가 750만 년이라는 시간이 걸려 계산해낸 답은 '42'였다.

"'생명, 우주 그리고 만물에 대한 궁극의 질문에 대한 답'은 '42'라고 합니다. 껄껄껄."

좋은 질문이 좋은 인생을 만든다

"대체 무슨 의미일까요!!"

왠지 맥이 탁 풀려버리는 것 같았지만, 역시나 누구도 그 의미를 이해하지 못했다. 또한 42가 궁극의 질문에 대한 답이라고 순순히 받아들인다고 해도 그 질문 자체가 무슨 뜻인지 아무도 알지 못했다.

그저 '답은 42!'라니……, 마치 우리 인간의 풍요로운 행위를 묵살하고 일방적으로 부조리함을 들이미는 것 같다. 하지만 그런 의미에서는 오히려 진실이 아닐까.

여러분은 '궁극의 질문에 대한 답은 42'라는 것에 대하여 어떻게 생각하는가?

42는 극단적인 예일지도 모르지만, 타인에게 어떤 답을 받았다고 해도 "그게 뭐지? 대체 무슨 의미지?"라고 반드시 자신의 머리로 생각해야만 한다.

과학적 진실이
절대적인 건 아니다

우리 집 베란다에 화분 하나를 들여놓았다. 그 화분에 호랑나비의 유충이 있어서 그것이 번데기가 되는 날을 학수고대하고 있었다. 그런데 어느 날 그 유충이 감쪽같이 사라졌다. 이리저리 살펴보니 다른 나무에 번데기를 틀고 있었다.

'혹시 유충은 번데기가 될 때 이동하는 게 아닐까?'

그런 질문이 생겼다. 그리고 때마침 지금은 돌아가셨지만 동물행동학자인 히다카 도시타카 씨를 만날 기회가 있어 물어보았다.

"네, 맞아요. 이동합니다. 그런데 그 이유는 아직 모릅니다."

히다카 씨는 태연하게 말했다. 소박한 궁금증이었지만 그건 전문가도 모르는 어려운 질문이었다.

생각해보면 '번데기가 될 때 이동한다'는 사실을 알아차리는 것 자체가 의외로 어려운 일이다. 유충은 새에게 먹혀 사라지고 다른 개체가 나무에 붙어 있었던 것인지도 모른다.

유충이 이동하는 걸 진짜로 증명하려면 번호 같은 표식을 붙여두어야 한다. 그러나 유충이 번데기로 바뀌면서 그 번호가 없어졌을 가능성도 있다.

예컨대 진짜로 이동한다는 걸 증명할 수 있었다 해도 '왜 이동하는 걸까?'라는 질문으로 생각을 진행시켜보면 가설은 얼마든지 세울 수 있다.

'이동하면서 번데기가 되는 데 불필요한 체액을 밖으로 배출하는 것일까?'

'알에서 나온 유충이 그 자리에서 한꺼번에 번데기가 되면 곧 천적의 눈에 띄어 일망타진될테니 각자 다른 장소로 이동하는 게 아닐까?'

어느 가설이 옳을까? 이 가운데 답이 있기는 할까? 그것을 증명하는 건 매우 어렵다.

사람들은 과학이 절대적인 정답을 가르쳐줄 거라고 생각한다. 그런데 과학적 진실이라는 말이 있기는 해도 그것이 절대적인 진실을 의미하지는 않는다.

'이런 가정을 하고 이런 수단을 써서 이러면 된다'는 것만으로, 그 가정이 모든 것은 아니고 그 수단이 모든 것도 아니다. 과학의 답일지라도 '절대'라는 건 없다.

전문가도 모르는 게 있다

사실 나도 한때 '답은 어딘가에 반드시 있다'고 믿었던 시기가 있었다.

'이 세상의 중요한 것은 어딘가에 반드시 적혀 있다.'

'아직 내가 그걸 모를 뿐이다.'

아주 오랫동안 그렇게 생각했다. 그러다 나도 모르는 사이에 그런 세뇌에서 해방되었는데 신기하게도 그 순간을 똑똑히 기억한다.

대학생이 되어 캠퍼스의 연못가를 걷고 있을 때였다. 당시에 나는 수학이나 물리 분야에 미해결 문제가 있다는 것 정도는 알고 있었지만, 여전히 지금 아무도 답을 모르는 문제일지라도 어딘가에는 정확한 답이 쓰여 있을 거라고 생각했다.

그런데 멍하니 연못가를 걷고 있을 때 '답이 나와 있는 것이라도 절대적이지는 않다. 세계 어디에도 '옳은 답' 같은 건 숨겨져 있지 않다'는 걸 문득 깨달았다. 아마도 대학에서 스스로 가설을 세우고 실험하는 과정을 반복하면서 '내가 했던 과정대로 하면 늘 같은 답이

좋은 질문이 좋은 인생을 만든다

나오지만 다른 방식도 얼마든지 생각할 수 있다'라는 생각이 내 안에 경험적으로 쌓여 있었을 것이다.

그 순간 나는 굉장히 자유로워지면서 마음이 가벼워졌다.

전문가가 될수록 '내가 모르는 것이 이토록 많다'는 사실을 깨닫게 되는 법이다. 자신이 알고 있는 것보다 세상이 훨씬 넓다는 것을 깨닫게 되고, 그 사실에 감동하여 "모른다"라고 조금도 부끄러워하지 않고 말할 수 있게 된다.

잘 모르기에 '이러면 어떨까?'라는 작은 질문을 던질 수 있다. 그것이 바로 프로다.

질문력은 누구든
단련할 수 있다

'케냐의 수도는 어디인가?'

'세계에서 가장 높은 산은 어디인가?'

이런 공란 메우기 식의 문제라면 누구든 똑같은 답을 말한다.

이것은 정답이 정해진 가운데 벌이는 승부로, 비유하자면 마치 발이 닿는 25미터 수영장에서 능숙하고 빠르게 헤엄치는 연습과 같다.

그러나 이 책에서 주목하고자 하는 것은 '헤엄칠 수 없는 바다를 없애기 위한' 질문이다.

올바른 답을 찾는 것이 아니라 '이런 건 지금 할 수 없다' '무엇이 진행을 방해하고 있는가' '이렇게 바꿀 수 있지 않을까'라며 어설프

게 한 걸음씩 내딛어도 상관없으니 새로운 분야에 가슴이 뛰는 것, 그것이 내가 단련하고자 하는 질문력이다.

질문의 힘은 가슴을 뛰게 한다.

'여기서는 인터넷을 쓸 수 없다.'

'화내는 사람이 있어서 기분 좋게 지낼 수 없다.'

'읽고 싶지만 못 읽는 책이 있다.'

'이성 친구를 만들지 못한다.'

우리는 헤엄칠 수 없는 바다 속에서 이런 질문을 던진다.

'기분 좋게 살아가기 위해서는 어떻게 하면 될까?'

이 같은 질문을 던짐으로써 문제가 부각되고 해결법을 제안할 수 있다. 정답은 아무도 모른다. 간신히 내놓은 해결법도 아마 최선은 아닐 것이다.

그래도 일단 문제를 발견함으로써 세상은 조금씩 변해간다. 질문해야만 하는 건 우리 주위에 얼마든지 숨어 있다.

아주 조금이라도 세계를 바꾼다

질문력은 단련할 수 있다. 여러분은 TED라는 강연회에 대하여 알고 있는가?

TED는 기술Technology, 오락Entertainment, 디자인Design 분야에서 우수한 인재를 모아 토론하는 강연회로, 1984년에 미국에서 시작되었다. 지금은 매해 전 세계에서 모인 각 분야의 우수한 인재들이 '널리 알릴 가치가 있는 아이디어Ideas Worth Spreading'를 무대 위에서 프레젠테이션하고 인터넷을 통해 그 영상을 배포한다.

그중에 'Make a Wish(이런 세상을 만들고 싶다)'라는 것이 있는데 참가자가 과제를 내고 해결 방법을 생각하는 섹션이다.

"당신은 어떤 세상을 만들고 싶은가?"

이런 질문을 받으면 화들짝 놀라는 사람도 있을 테지만 TED에서는 단 몇 초 만에 자신의 의견을 내놓는다.

자신의 머리로
생각한다

이런 일을 여러 번 경험하면서 머릿속에 똑똑히 아로새긴 것이 있다.

'〈이런 세상을 만들고 싶다〉라는 건 내가 생각할 문제다.'

TED뿐 아니라 구글이나 네이처의 회의에 참가한 사람들도 처음부터 흥미로운 문제를 제기할 수 있었던 건 아니다. 살아오는 동안 계속 질문을 제기하는 '연습'을 해왔기에 가능했던 일이다.

질문할 수 있는가 없는가, 그것은 단순히 질문하는 데 익숙한가 아닌가의 문제일 뿐이다. 만일 여러분이 '이런 세상을 만들고 싶다'라는 문제에 대해 답할 수 없어서 초조하다면 어쩌면 너무 거창하게 생각하고 있는 것일지도 모른다. '회사에서 조금 더 편하게 일하려면 이렇게 하는 게 좋지 않을까?' '저 사람이 참석해준다면 조금 더 다양성이 생기고 깊이가 있는 회의가 되지 않을까?'……. 이처럼 자신이 있는 곳을 조금이라도 더 나은 곳으로 만들기 위한 약간의 고민만으로도 충분하다.

수많은 아이디어가 순식간에 쏟아져 나온다 해도 이 세상을 180도로 바꿔놓을 만큼 엄청난 질문은 그리 자주 등장하지 않는다. 화이트보드에 붙여놓은 질문들이 모두 좋은 아이디어는 아니다. 오히려 재미있는 질문은 지극히 일부에 지나지 않는다.

TED에서 강연하는 사람들은 세계를 바꾸기 위해 타인의 의견을 따르는 대신 아무리 사소한 것이라도 자기의 머리로 생각하고 행동하려 했다.

그들은 끊임없이 제안함으로써 더 나은 질문을 할 수 있었다. 아무리 작은 것일지라도 지금보다 조금이라도 좋아질 가능성이 있다면 그것은 충분히 제안할 만한 가치가 있는 질문이다.

어떤 질문에 대하여 지금 눈앞에 A와 B로 갈라지는 분기점이 있다고 가정해보자. 만약 A를 한다면 지금의 상황보다 약간은 나아질 수 있다. 비록 근본적인 해결책은 아니지만 한 걸음이라도 앞서 걸을 수 있다면 그것은 충분히 좋은 답이다.

완벽한 질문이 나오기를 기다리고, 거기에 완벽한 답을 하려 한다면 우리 인간은 어디에도 갈 수 없다. 자신이 생각하는 범위 안에서, 그리고 자신에게 허용된 시간 안에 최선을 다하면 된다.

지금 내딛는 한 걸음이 적어도 현재보다 나은 방향으로 나아가는 거라면 충분히 좋은 질문이고, 좋은 답이다. 그것은 자신이 할 수 있는 '최고의 노력'이라고 할 수 있다.

처음부터 뛰어난 질문을 할 수는 없다. 하지만 무엇이든 스스로 시도해봤다면, 비록 그것이 실패로 끝났거나 즉각적인 결과로 이어지지 않았다 해도 자신만의 경험으로 반드시 머릿속에 남기 마련이다.

절대적인 정답이 존재한다고 믿는다면 인간은 무력해진다. 자신이 할 수 있는 게 없기 때문이다. 하지만 비록 여러분이 내딛은 한 걸음이 실패로 끝났다 해도 그것은 결코 잘못되지 않았다. 그저 '그 방법으로는 안 된다'는 것을 배운 것이기에 오히려 한 걸음 더 나아갔다고 할 수 있다.

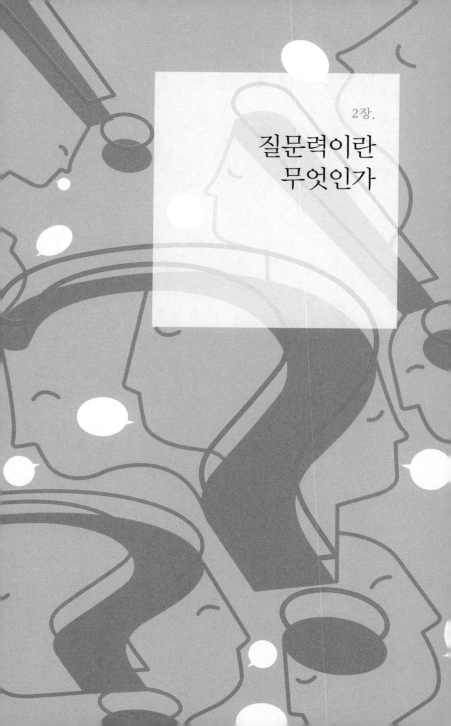

2장.

질문력이란
무엇인가

질문과 의문은
다르다

질문을 하기 위해서는 '이걸로 괜찮을까?' '뭔가 이상하다' '왠지 내키지 않는다'라는 느낌을 보다 구체적으로 파악해야 한다.

질문과 비슷한 것으로는 의문이 있다. 비슷한 것처럼 보이지만 의문과 질문은 분명히 구별된다.

의문 : 세계에 대한 애매한 위화감 혹은 미심쩍음.
질문 : 구체적이고 문제 해결로 이끈다.

이렇게 본다면 애매한 의문을 구체적인 질문으로 바꾸는 게 중요하다.

의문 : 감정(떨떠름하게 위화감을 느끼는 능력)
질문 : 논리력(구체적인 해결로 이어지도록 제안하는 능력)

결국, 이렇게 말할 수 있다.

그렇다면 애매한 위화감을 어떻게 좋은 질문으로 바꿀 것인가? 그러기 위해서는 감정과 논리를 자유자재로 오갈 수 있어야 한다. 이때 중요한 것이 '메타인지Metacognitive'다.

메타인지라는 것은 자신의 감정을 냉정하게 관찰하고 '지금 내 상태는 이렇다' '나는 이런 감정을 갖고 있다'는 걸 깨닫는 능력이다.

왠지 아리송하여 떨떠름하거나 초조함을 느끼거나 짜증이 나도 '지금 나는 이런 감정이구나!' 하고 언어로 인식하지 못한 채 살아가는 사람이 많다. 그런데 '뭔가 신경 쓰이는 게 있다'는 걸 명확하게 인지하지 못하면 '바꾸자'라는 마음도 가질 수 없다.

좋은 질문은 자신의 감정을 명확하게 깨닫지 못하면 나올 수 없다.

감정력. 메타인지력. 논리력.

이것이 좋은 질문을 낳는 세 단계다.

자기 안의
위화감에 눈뜨자

《웹 진화론—세상을 바꿀 엄청난 변화가 시작되었다》를 집필한 우메다 모치오梅田望夫 씨와 대담했을 때, 이런 이야기를 들었다

오래 전 우메다 씨의 선생님 앞으로 플로피 디스크가 배달되었다고 한다. 당시는 아직 CD조차 개발되지 않았을 때다.

플로피 디스크는 중요한 데이터가 저장되어 있어서 겹겹이 포장되어 있었다. 그것을 보고 우메다 씨의 선생님은 불같이 화를 내며 포장재를 갈기갈기 찢었다고 한다.

"내가 필요한 건 단지 이 플로피 디스크에 담긴 자료인데 왜 쓸데없는 것들이 따라오는 거야! 정말 성가시네!"

그는 그렇게 소리쳤다. 중요한 데이터를 지키기 위하여 어쩔 수 없이 이중삼중으로 포장한다는 상식에 큰 거부감을 느꼈던 것이다. 생각해보면 플로피 디스크 안에 담긴 데이터만 필요할 뿐, 그것을 싸고 있는 포장재는 쓸데없는 것이다.

지금은 인터넷 상에서 소프트웨어를 내려 받는 게 상식이다. 포장재는커녕 데이터 주변에 붙어 있는 물리적인 '것'들도 사라졌다. 그러나 예전이라면 소중한 데이터가 들어 있는 플로피 디스크를 보호하기 위하여 포장하는 걸 두고 '왜 그토록 화를 내는지' 몰라서 당혹스러웠을 게 분명하다.

보통 사람이었다면 오히려 "뭔가 이상하다!" "싫다!"라고 포장에 대해 거부감을 갖는다는 게 어려웠을 것이다.

"데이터를 받으면 늘 포장을 벗겨야 해서 귀찮아."

"다른 방법이 있을 거야."

"이건 내가 원하던 걸까?"

이런 찜찜한 기분을 '이런 것은 필요 없다'라고 구체적으로 인지했을 때 비로소 논리의 힘으로 다음과 같은 질문을 할 수 있다.

"어떻게 하면 데이터만 내려 받을 수 있을까?"

적어도 이런 질문이 있었기에 플로피 디스크에서 소프트웨어를 그대로 내려 받는 쪽으로 기술이 발전할 수 있었다.

예를 들어 편의점 같은 곳에서 유통기한이 지난 도시락을 대량으로 폐기하는 것에 대해 거부감을 느끼는 사람이 많을 것이다.

그런 떨떠름한 기분을 애매한 채로 놔두는 것이 아니라 '나는 이런 게 싫다!'라고 확실히 인지하고 '그렇다면 어떻게 낭비를 막을까?'라는 질문을 던져본다.

이렇게 현재의 상황에 대하여 위화감을 가지는 감정력.

그것을 깨닫는 메타인지력.

'어떻게 할까?'라고 생각하는 논리력.

이것들이 한데 어울릴 때 비로소 좋은 질문이 탄생한다. 이때 느끼는 감정이 질문의 시작점이다.

감정과 논리를
오간다

질문력을 생각하는 데 있어 '감정이란 무엇'이고, '논리란 어떤 것'
인지에 대하여 설명이 필요하다. 현대 뇌 과학에서 말하는 감정이나
논리는 우리가 일상에서 사용하는 것과는 조금 의미가 다르다.

여러분은 '감정적이 되어서는 안 된다'고 생각하고 있지는 않은
가? 혹은 '논리'에 대하여 조금 냉정하고 차갑다는 이미지를 갖고 있
지는 않은가?

현대 뇌 과학에서는 감정과 이성은 하나라고 여긴다. 감정 없는
이성은 존재하지 않기 때문이다.

우리가 '이것이 이성이다, 이것이 논리다, 이것이 정답이다'라고 생각하는 것이야말로 사실 감정의 지배를 받고 있다.

이솝우화의 《신포도》가 그 좋은 예다. 여우가 높은 데 열린 포도를 발견하고 군침을 흘리며 '맛있겠다, 먹고 싶다'라고 생각하며 올려다본다. 여우는 나무에 기어오르기도 하고 뛰어오르기도 하며 자신이 할 수 있는 온갖 방법을 짜내어 포도를 따려고 했지만 실패한다. 그러고는 기분이 상해서 결국 이렇게 믿고 만다.

"쳇, 저 포도, 맛없을 게 빤해."

어떻게 해서든 꼭 먹고 싶지만 도무지 높은 곳에 달린 포도를 딸 방법이 없다.

자신의 강렬한 욕구를 실현할 수 없다는 불쾌감을 해소하기 위하여 인간은 무의식중에 신념('포도가 맛있겠다'라는 원래 갖고 있던 확신)을 다른 것으로 쉽게 바꾼다.

여우는 포도를 보고 '맛있겠다'라고 생각했지만 포도를 딸 수 없다는 사실을 깨달은 순간 '맛없을 게 빤해'라며 돌변하여 비난한다. 그 사이 포도가 변했을 리 만무한데도 말이다.

이처럼 인간은 자신의 감정을 근거로 신념을 만들어낸다.

감정을 속이지 마라

실제로 미국의 심리학자 리언 페스팅거Leon Festinger 박사가 이와 관련한 실험을 했다.

그는 피실험자들에게 오랜 시간 단순하고 지루한 작업을 시키고 보수를 주었다. 한쪽 사람들에게는 낮은 보수를, 한쪽 사람들에게는 높은 보수를 주었다. 그 후에 '지금 하고 있는 일이 얼마나 즐거운가?'라는 설문조사를 했다.

그런데 놀랍게도 같은 작업을 했음에도 낮은 보수를 받은 사람들이 높은 보수를 받은 사람들보다 더 '즐겁다'고 답했다.

지루한 단순작업을 하면서 낮은 보수밖에 받지 못한다면 '이 일은 정말이지 최악이다!'라고 생각하는 게 마땅하다. 재미도 없고 보수도 적은 일을 위하여 왜 시간과 에너지를 소모하는지 도무지 납득할 수가 없을 것이다. 그런데 사람들은 오히려 그 불쾌한 감정을 없애기 위해 '사실 내가 하는 이 일은 의미 있을 뿐 아니라 즐거운 것'이라고 믿었다.

불쾌감을 해소하려고 억지스럽게 정당화하는 것이다. 이것이 바로 '인지적 부조화'라고 불리는 것으로, 여러분도 이런 일을 한 번쯤은 경험해봤을 것이다.

예컨대 내가 몹시 좋아했던 '많은 장점을 가진' 사람이 있었는데 그 사람이 이별을 요구했다. 그에게 차이는 순간 나는 '맙소사! 저런 사람이었다니 진짜 최악이야!'라고 태도가 돌변한다. 여우가 '저 포도는 신 게 분명해'라고 신념을 바꾼 것처럼 말이다.

우리가 '이렇다'고 믿는 건 사실 자신의 감정을 근간으로 하여 만들어진 편견에 지나지 않는다.

우리는 '저 사람은 최악이야'라는 자신의 믿음이 사실에 근거한 것이라고 확신하지만 실제로는 상대를 자신의 사람으로 만들 수 없다는 원망이라는 감정이 만들어낸 것에 불과하다.

'감정'에서 '자기 안의 진실'이 만들어진다. 우리가 세상을 바라보는 시점은 순전히 감정에 의해 좌우된다.

그러므로 자신의 감정을 얼렁뚱땅 속이려 하지 말고 있는 그대로 알아차리는 것, 즉 자신의 감정과 솔직히 대면하는 게 무엇보다 중요하다.

아리송하고 애매한 것을 억지스럽게 정당화하는 게 아니라 '지금 나는 이것이 원망스럽다' '이것 때문에 상처를 입었고 슬프다'라고 자신의 감정을 있는 그대로 인정하고, '그렇다면 어떻게 하면 좋을까?'라고 물으며 긍정적인 방향으로 나아가는 것, 그것이 바로 질문이다.

누구의 인생이든
한쪽으로 치우쳐 있다

넓은 의미에서 감정이란 것은 이렇게 정의할 수 있다.

'어떤 답이라도 괜찮지만 무슨 이유에서인지 그 답을 선택하고 만다.'

세상에는 각양각색의 직업이 있는데 나는 무슨 까닭에서인지 과학자가 되었다.

어린 시절부터 나는 나비 채집과 아인슈타인의 책, 물리학자를 좋아했다. 그리고 로저 펜로즈Roger Penrose(영국의 이론물리학자이자 수학자-옮긴이)의 책을 좋아했다. 그때그때 내가 만나온 것들 중에서 '이게 더 좋아, 지금은 왠지 이걸 해보고 싶어'라며 원하는 것을 선택

해왔고 그 결과로 과학자가 되었다. 결국 감정이 직업을 결정한 셈이다.

어린아이들을 관찰해보면 장난감을 잘 갖고 놀다가도 '이거 싫어!' 하고 획 집어던지거나 '이거 좋아!' 하고 손에 쥐고 놓지 않는 등 처음부터 좋고 싫음이 분명하다. 거기에 다른 이유는 없다. 어떤 근거가 있어서 좋아하는 게 아니라 그 아이가 선천적으로 지닌 기질 때문이다.

'어떤 일을 선택할 것인가?'를 결정하는 것은 중요한 문제다. 그렇기 때문에 심사숙고한 뒤에 (결국 논리로) 결정하는 것처럼 보이지만, 절대 그렇지 않다. 왜냐하면, 이것은 정답이 없는 문제이기 때문이다.

나는 과학자든 편집자든 야구선수든 전기 기술사든 그 사람이 즐겁게 몰입할 수 있는 것이라면 어떤 직업이든 멋지다고 생각한다. '어떤 일이 좋은지'는 어느 한 사람이 결정할 수 없다. 즉, 논리적으로는 최고의 직업을 정할 수 없다. 그저 좋고 싫음으로 정하는 것이다.

정답이 없기 때문에 어떤 결정을 내려야 할지 논리적으로 결정할 수 없는 부분에서 감정이 나선다. '왠지 이게 더 좋다'며 한쪽을 선택한다. 결국, 감정에 의해서 누구나 지금 있는 장소로 이끌려온 것이다.

산다는 건 치우침이 존재한다는 것이다. 신이 아닌 이상 인간은 어느 한쪽으로 늘 치우쳐 있으며, 그것이 바로 자기만의 특징으로 드러난다. 그렇기 때문에 솔직하게 그것을 인정해야 자기의 길을 개척해나갈 수 있다.

보통 어느 한쪽으로 치우쳐 있다면 왠지 안 좋게 생각하는 경향이 있는데, 결코 그렇지 않다. 인생의 문제에서 논리적인 정답을 얻는 일은 요원해서 만약 감정이 어느 쪽으로도 기울지 않는다면 우리는 무언가를 결정하고 행동할 수 없다.

문제는 치우쳐 있다는 데 있는 게 아니라 그 사실을 깨닫지 못하는 데 있다. 인지적 부조화에서 살펴보았듯이 우리는 세상을 바라보는 시점에 편견이 존재한다는 걸 깨닫지 못하고 정당화시키려고 한다. 그렇게 되면 자기다운 길을 모르는 채로 살아가게 된다.

논리력으로 해결한다

그렇다면 논리란 무엇인가?

그것은 메타인지를 통하여 깨달은 자기의 편견을 수정하고 실행하고 실패를 반복하면서 새로운 세계로 이끌어주는 힘이다.

논리는 우리가 메타인지하고 언어화한 것에 대하여 움직인다. 결국 애매한 감정을 핵심 질문으로 바꾸는 마지막 수단에 지나지 않는다. 실제로 감정은 타고나는 것이지만 논리력은 인간의 발달단계

중에서도 가장 나중에 배우는 것이다.

감정은 모든 것의 기본이다. 이런 감정을 갖고 있어서 부끄럽다고 생각하거나 억지로 정당화시키는 게 아니라 있는 그대로 인식하고 자신을 성장시킬 씨앗으로 삼아야 한다.

자신의 감정을
알아차리는 연습

자신이 어느 쪽으로 치우쳐 있는 사람인지를 이해하는 연습을 해보
자.

[연습 1]

여러분이 인생을 살아오면서 내렸던 중요한 결단 중 하나를 머
릿속에 떠올려본다.

이를 테면, 진학할 학교나 일자리를 결정했을 때, 혹은 짝사랑하
던 그 사람에게 마음을 고백하기로 결정했을 때, 회사를 그만두겠다
고 결심했을 때를 떠올려보자. 그런 결심을 하게 된 중요한 이유를

되도록 많이 종이에 적어본다.

여러분은 무엇을 중시하는 사람인가? 자신이 논리에 근거해 결정했다고 생각하는 그 이유 외에 다른 이유는 없을까?

지금껏 알아차리지 못했지만 자신의 마음을 움직인 중요한 이유가 보일지도 모른다.

[연습 2]

여러분이 지금 무심코 비난하는 사람이 있다면, 그의 어떤 점이 싫고 어떤 이유 때문에 그를 비난하는지를 종이에 적어본다. 그 사람 탓일 수도 있지만 어쩌면 자신에게 원인이 있을지도 모른다. 예컨대 자꾸만 누군가의 행동에 신경 쓰이고 비난하는 이유가 그 사람의 잘못이라기보다는 여러분이 그의 지위를 질투하기 때문일 수도 있다.

질문은
자신과의 대화

내 인생의 테마는 '퀄리아Qualia'다.

빨간색을 보고 있을 때의 그 빨간 질감. 사랑하는 사람 앞에 있을 때의 그 가슴 설레는 감각. 차가운 음료가 든 투명한 유리잔에 땀방울처럼 맺힌 그 물방울의 질감…….

우리가 마음속에서 느끼는 온갖 '질감'을 '퀄리아'라고 부른다. 이것이 뇌 속에서 어떻게 만들어지는지에 대해서는 아직 밝혀진 바가 없지만, 만약 밝혀진다면 노벨상을 백 번이라도 받을 만한 매우 어려운 문제라는 건 분명하다.

어째서 그런가하면, 보통은 이것이 문제라는 것조차 알아차리기 어렵기 때문이다.

빨간 빛이 눈으로 들어가 시신경을 물리적으로 자극하고 전기신호로 변환되어 뇌 속을 이리저리 달린다. 이런 과정을 통해 우리는 빨간 빛을 보는 것이다.

이 과정을 글로 쓸 수 있다면 '빨간 빛이 보일 때 어떤 일이 일어나는지'를 자세히 설명할 수 있을 것이다. 대부분의 과학자들이 그렇게 생각했고 지금도 여전히 그런 사람들이 많다.

어떻게 700나노미터 파장의 빛인, 뇌 속의 전기신호가 우리 마음속의 '빨간 질감'으로 바뀌는 것일까? '질감'이란 대체 어떤 것일까?

물리적인 뇌에 일어나는 과정과는 어떻게 대응하고 있는 것일까?

서른한 살 때였다. 나는 전차 안에 앉아 이리저리 흔들리면서 평소처럼 사색에 잠겨 노트에 끝없이 난해한 계산식을 적고 있었다. 그런데 돌연 '덜컹, 덜컹' 하는 전차 소리가 귓속으로 들어와 울렸다.

덜컹, 덜컹, 덜컹, 덜컹.

'이 소리는 몇 헤르츠일까? 소리란 게 이런 식으로 귀의 세포를 자극하고 뇌의 영역에 전해지는구나!'

'그 물리적인 과정이 어떻게 소리의 질감으로 바뀌는 것일까?'

좋은 질문이 좋은 인생을 만든다

'내가 느끼는 이 소리는, 그런 설명으로는 표현할 수 없는 독특한 질감을 갖고 있는 건 아닐까?'

마치 계시처럼 또렷이 느낌이 왔고 순간 소름이 돋았다.

나는 이 문제를 깨달음으로써 '퀄리아'를 연구하게 되었고, 무엇보다 평생토록 질리지 않고 끊임없이 생각할 수 있는 주제를 얻었다.

외부로부터 문제가 주어지는 것이 아니라 스스로 문제를 발견하면 자립적으로 살아가게 된다.

이렇듯 자신의 일생을 바칠 만한 가치 있는 발견이나 깨달음은 어떻게 일어나는가? 그것은 역시 자기 감정과의 대화, 결국 메타인지를 통하여 일어난다.

나는 뇌 과학 분야의 논문을 읽거나 학회 발표를 듣고 토론하면서 물리적인 설명에 만족해하는 과학자들을 보면 왠지 마음이 불편했다. 하지만 마음속으로 떨떠름해하면서도 그들과 같은 접근방식으로 연구했고 그 위화감은 좀처럼 명확해지지 않았다.

오랫동안 '이게 아닌데……' '왜지?' '무엇이 싫은 걸까?'라며 나 자신에게 묻고 또 물었다. 그러던 중에 마침내 전차에 탄 그 순간에 또렷이 메타인지할 수 있었다.

자기 자신을
메타인지한다

자신을 안다는 건 참으로 어려운 일이다. 성격만 해도 남이 보기에는 명확한데 스스로 알아차리지 못하기도 한다. 상대의 시선으로 자기 자신을 바라보는 게 메타인지인데 그러기 위해서는 연습이 필요하다.

나는 쉰 살이 될 때까지 내가 차분하지 못한 성격이라는 걸 몰랐다. 몇 번이나 다른 사람들에게 '좀 차분하게 있어!'라고 지적을 받았음에도 전혀 깨닫지 못했다.

초등학교에 입학한 뒤 첫 학급회의에서 선생님이 안절부절못하는 내 모습을 보시더니 "내가 엄청 지루하게 만들었구나"라고 말씀

하셔서 얼굴을 붉혔던 경험이 있다. 그 이후에도 학생 생활 기록부에는 '차분하지 않다'라는 말이 단골로 등장했다.

그럼에도 그 말을 스스로 납득하기까지 참으로 오랜 시간이 걸렸다.

나는 초등학교나 중고등학교에서 강연할 기회가 생기면 학생들에게 메타인지를 연습시킨다.

우선 단상 위로 한 학생을 불러 자신의 결점을 말하게 한다. 이어서 친구들을 불러 그 학생에 대한 의견을 듣는다. 자신이 바라본 나와 타인이 바라본 내가 얼마나 다른지를 말로 표현해보는 연습을 하기 위해서다.

언젠가는 이런 일이 있었다.

어느 학생에 대하여 친구가 '말이 너무 많다'고 지적했다. 그래서 내가 그런 지적을 받은 학생에게 "친구는 네가 말이 많다고 하는데 그걸 알고 있었니?"라고 물었다. 그러자 그 학생은 "전혀요!"라고 부인했다. 내가 그 학생의 친구에게 "너는 그 말을 지금 처음 한 거니?"라고 물으니, 어이없다는 듯이 "아니에요. 전에도 몇 번이나 말했어요. 그걸로 다툰 적도 있는 걸요"라고 답했다.

타인은 여러분에게 여러 신호를 보낸다. 직접 말로 지적하기도 하고 얼굴 표정으로 표현하기도 한다. 그런데도 우리는 어째서인지 알아차리지 못하고 그냥 지나쳐버린다. 그렇기 때문에 이렇게 때때로 냉정하게 자기 자신을 바라볼 기회를 가질 필요가 있다.

결점과 장점은 표리일체

타인에게 자신의 결점을 지적하게 하다니 '강연자로서 너무한 처사가 아닌가'라고 비난하는 사람이 있을지도 모르겠다. 하지만 뇌과학적 상식으로는 결점은 장점과 한 몸이다.

나는 '차분하지 못하다'는 결점을 가지고 있지만, 그걸 뒤집어 보면 '전환이 빠르다'는 장점이 되기도 한다. 차분하지 못한 성격 덕분에 연구도 하고 글도 쓰고 TV에도 출연하는 등 여러 일들을 두루 할 수 있었다. 하지만 그 결점을 자각한 후에야 비로소 그것을 장점으로 살릴 수 있었다.

결점은 '고쳐야만 하는 부분'이라고 말할 게 아니라 그 사람의 개성으로 중시해야 한다. 상대방이 보듯 냉철하게 자신을 인식함으로써 지금보다 나아질 수 있다.

타인이 들려주는 말에 귀 기울이려고 노력하면 혜택을 얻는다. 나도 지금껏 타인에게 상당히 비판을 받아왔다.

"대체 뭐하는 사람이야?"

"과학자가 TV 출연이나 하고 성실하지 않아."

"TV에 자주 나오는 걸 보니 연구에 소홀할 게 빤해."

처음에는 왜 그런 말을 들어야 하는지 도통 이해할 수 없었다. 그러나 호의적인 것부터 비판적인 것까지 다양한 의견을 들으면서 깨닫게 된 게 있다.

"나는 정말로 차분하지 못한 덕에 각양각색의 일을 할 수 있는 거구나."

"남들 눈에는 그렇게 보이니까 비판받는 거겠지만 어떤 일이든 최선을 다하니 그것으로 충분해."

이렇듯 내가 살아가는 방식에 대하여 납득하게 된 것이다.

자신의 문제를 명확히 하는 데는 용기와 연습이 필요하다. 그러나 지금보다 더 나은 삶을 살아가기 위해서는 결코 빠뜨릴 수 없는 과정이다.

답은 이미
나와 있다

최근 블로그에 〈뇌 만물상담실〉을 개설하고 누구든 자유롭게 궁금한 것을 묻도록 했다. 그런데 블로그에 올라오는 질문들을 보고 있으면 '아, 자신의 문제를 아직 명확히 파악하지 못했구나!' 하고 느낄 때가 종종 있다.

예컨대, 대학 입시가 끝난 3월경에 이런 질문이 올라왔다.

"대입에서 떨어졌습니다. 재수하기는 싫은데, 그래도 꼭 과학자가 되고 싶습니다. 대학에 가지 않고 과학자가 될 수 있는 방법은 없을까요?"

여담이지만, 입시와 관련된 질문이 정말로 많다. 일본의 입시라

는 게 얼마나 아이들에게 큰 부담이 되는지 여실히 느껴져서 화가
날 정도다. 그래서 내가 '바꾸겠다'고 생각하는 것 중 하나가 일본의
입시제도다.

블로그에 질문을 올린 학생의 마음에 있는 '핵심'은 이런 게 아닐
까?

'대학 수험에서 실패했다. 이제는 노력해보자는 의욕도 생기지
않는다.'

그래서 실은 '대학에 가지 않고도 과학자가 되는 방법'을 물으려
는 게 아니라 이런 질문을 하고 싶었던 게 아닐까?

"어떻게 하면 다시 한 번 용기를 내어 역경과 맞설 수 있을까요?"

자기 가슴속에 있는 감정을 알아차리고 이렇게 물을 수만 있다
면, '아아, 지금 나는 지쳐있구나. 그럼 일단은 좀 쉬자'라는 답이 나
올 것이다. 이처럼 자신을 얼렁뚱땅 속이지 않고 내가 지금 어떤 감
정을 갖고 있는지를 깨닫는 게 중요하다.

그 학생이 만일 정말로 대학에 가지 않고 과학자가 될 방법이 알
고 싶었다면 이렇게 물었어야 한다.

"대학교에 가서 과학자가 되는 것과 대학교에 가지 않고 과학자
가 되는 것 중 어느 쪽이 더 노력과 재능이 필요할까요?"

이런 질문을 할 수 있다면 대학에 가지 않고 과학자가 되는 길을

선택할 수도 있겠지만, 일반적으로는 대학에 가는 편이 더 쉬울 거라고 생각하는 듯하다.

이 학생의 경우에는 지금 지쳐 있기 때문에 대학에 가지 않고 과학자가 되려면 더 힘들 것이다. 만약 자신의 상태를 자각할 수 있다면 '재수하는 게 낫다'라는 답에 이를지도 모른다.

'좋은 질문을 할 수 있다면 답은 이미 나와 있는 것과 다름없다'라는 말을 자주 하는데 이 말은 진실이다. 무엇이 문제인지 정확하게 파악하고 있다면 답은 저절로 나온다.

하지만 자신이 어떤 상태에 놓여 있는지 정확히 파악하는 것은 어려운 일이다. 우리는 대개 자신의 감정을 속이거나 잘 모르기 때문이다.

내게 질문한 학생이 만일 지쳐 버린 자신의 감정을 정확히 알아차릴 수 있었다면, '지금은 일단 쉬자'라고 논리적인 답을 이끌어낼 수 있었을 것이다. 이처럼 자신의 상태를 속이지 않으면 순식간에 문제를 해결할 수 있는 좋은 질문을 할 수 있다.

인생의 선택지를
넓히는 도구

질문하는 것이 왜 중요할까? 아마도 여러분은 여기까지 읽어오면서 어렴풋이 알아차렸을 것이다.

세상에는 진짜 답이 존재하는 게 아니다. 있다 해도 '답이 단 하나'라고 단정할 수 없다. 우리가 답이라고 생각하는 것은 대다수 사람들이 '그냥 그게 옳은 것 같다' '이게 더 타당하다'라는 식으로 제멋대로 생각하고 믿는 것에 지나지 않는다. 소위 상식이나 도덕, 관습, 의례, 노하우, 과거의 성공체험이 여기에 해당한다.

그러나 그것이 지금 그리고 앞으로도 계속 통용될 것인지는 장담할 수 없다. 또 모든 사람들에게 적용된다고 말할 수도 없다.

99명에게는 유효하지만 단 1명에게 안 맞을 수도 있다. 99명이 좋아해도 불편함을 느끼는 사람이 단 1명이라도 있다면 그 사람이 굳이 참아야할 필요는 없다. 얼마든지 다른 것, 다른 방식으로 자기에게 맞는 것으로 바꿀 자유가 있기 때문이다.

누구나 기분 좋게 살아가기 위한 자기만의 방식을 찾을 자유가 있다. 그 선택지를 만드는 도구, 그것이 질문이다.

답은 있을 수도 있고 없을 수도 있다. 만일 정답이 있다 해도 수많은 가능성 중에서 그걸 선택하는 건 정말이지 힘든 일이다. 그렇기 때문에 애당초 질문 같은 건 안하는 게 낫다고 생각하는 사람도 있다.

이런 생각은 얼핏 그럴듯해 보이기도 하지만, 결코 그렇지 않다. 질문하지 않는다는 건 사고 정지 상태에 지나지 않기 때문이다.

답이 있는지 없는지는 모른다. 어쩌면 수많은 답이 있을지도 모른다. 그렇기 때문에 우리는 질문하면서 살아가고 이렇게 할까 저렇게 할까 생각하는 과정은 때때로 즐겁다.

여러분도 곤경에 처해서 '어떻게 하면 좋을까?' '어떤 일을 해야 할까?'라고 무의식중에 자신이나 주위 사람에게 물을 때가 있을 텐데, 그럴 때는 좀 더 의식적으로 질문하고 그것이 결과로 이어지도록 애써야 한다.

단숨에 성큼 나아가기를 바라는 마음 때문에 질문하는 게 답답하고 지루하게 여겨질지도 모른다. 그러나 세상이 말하는 정답이나 다들 말하는 최선이 아니라 스스로 현재 상황을 조금이라도 기분 좋게 만들 수 있는 일, 그것을 실제로 해보는 것만으로도 충분하다.

다시 말하지만 질문이란 현재 상황을 조금씩, 그러나 결과적으로는 크게 바꿔가는 힘이다. 또 자신에게 맞는 인생을 행복하게 살아가는 법, 행동과 사고를 이끌어내는 힘이다.

우리는 질문을 통해 기분 좋은 인생을 살아가기 위한 나다운 선택을 할 수 있다.

세상에는
세 가지 타입이 있다

타입을 분류하는 것을 그리 좋아하진 않지만, 나는 세상에는 크게 나눠 두 종류의 사람이 있다고 생각한다. 여러분들은 이미 눈치챘겠지만, 그것은 '질문을 잘하는' 사람과 '질문을 못하는' 사람이다.

질문을 잘하는지 잘 못하는지, 그 작은 차이가 인생에서 큰 차이를 낳는다고 말해도 과언이 아니다.

질문으로 얻을 수 있는 것은 무엇일까?

하나는 문제 해결이다.

우리는 질문함으로써 문제 해결을 위해 구체적으로 어디에 어떻게 힘을 쏟아야 할지 알 수 있고, 그에 따른 결과를 얻을 수 있다. 그 과정에서 자신감도 붙기 마련이다.

다른 하나는 자신에 대하여 알 수 있다는 점이다.

우리는 사실 자신에 대해서 제대로 이해하지 못하고 있다.

실은 이런 일이 하고 싶었다, 그때는 이런 식으로 생각했었다, 싫었던 일들이 사실은 좋았었다…….

질문은 이렇듯 자기도 알아차리지 못한 진짜 자신을 깨닫게 해준다.

질문이란 지극히 창조적인 행위다. 우리는 질문함으로써 인생을 변화시켜간다. 질문으로 인생을 자유롭게 만들어간다고 해도 과언이 아니다.

질문하지 않으면 자신의 인생을 스스로 만들어갈 수 없다. 어떤 의미에서는 타인이 만든 규칙이나 삶의 방식, 세상에 통용되는 상식에 따라 그저 유유자적 살아갈 따름이다.

그런 인생에는 창조성도 자유도 없다. 그렇게 살아갈 수는 없는 일이다.

세상의 이목이나 상식, 타인이 만든 규칙의 범위 안에서 사는 것은 진정으로 충실한 인생이라고 말하기 어렵다. 하물며 그런 인생이 기분 좋을 리도 없다. 그런 태도는 결국 자기 인생을 아무 의미도 없는 것으로 만들고 만다.

질문하는 사람의 두 가지 타입

앞에서 질문을 잘하는 사람과 그렇지 못한 사람이 있다고 말했다.

보다 정확히 말하면, 질문을 잘하는 사람도 다시 두 가지 타입으로 나뉜다. 그것은 '좋은 질문을 하는 사람'과 '나쁜 질문을 하는 사람'이다.

따라서 세상에는 세 가지 타입의 사람이 있다. '좋은 질문을 하는 사람'과 '나쁜 질문을 하는 사람' 그리고 '질문을 잘 못하는 사람'이다.

무턱대고 질문을 한다고 좋은 건 아니다. '좋다/나쁘다'의 경계선은 분명히 있지만 대다수 사람들은 그것을 깨닫지 못한다.

자신은 좋은 질문을 하고 있다고 생각하지만 그렇지 않은 경우가 많다. 사실 안타깝게도 대부분이 그렇다.

좋은 질문을 하면 아리송하고 떨떠름한 기분을 말끔히 털어낼 수 있고 질문이 행동으로 이어져 자신이 원하는 결과를 얻을 수 있다.

반대로 나쁜 질문을 하는 경우는 어떨까?

잠시 떨떠름한 기분을 해소할 수는 있어도 근본적으로 해결한 게 아니기 때문에 몇 번이고 같은 문제에 맞닥뜨리게 된다. 질문이 자신의 성장으로 이어지지 못했기 때문에 이후에도 계속 떨떠름하고 불쾌한 기분을 끌어안게 되는 것이다.

　좋은 질문과 나쁜 질문, 거기에는 어떤 차이가 있는 것일까? 다음 장에서 보다 자세히 이야기해보자.

3장.

좋은 질문과
나쁜 질문

지식과 교양은
다르다

우리는 자신에게 질문하거나 혹은 타인에게 질문한다.

사람에게 질문할 때는 컴퓨터에게 질문할 때처럼 '질문'과 '답'의 관계가 간단하지 않다.

예를 들어 컴퓨터에게 질문할 때는 이런 식으로 질문과 답이 오간다.

"내일 날씨는 어때?"

"강수 확률 40퍼센트입니다."

"카페는 어디에 있어?"

"(구글맵이 나와서)여기, 여기, 그리고 여기에 있습니다."

컴퓨터는 이런 식으로 마치 시험문제에 답하듯 적확한 답을 내놓는다. 즉, '지식'을 제공하는 것이다.

그런데 사람에게 질문할 때는 질문하는 사람도 자신이 무엇을 묻고 싶은지 모를 때가 있고, 답하는 사람도 정확성을 따지기 보다는 상대에 따라 다르게 대답하거나 머릿속에 떠오른 것을 그저 열심히 전달하기 위해 노력하기도 한다.

결코 정답 따위는 없고, 자신에게든 상대에게든 '예상외'의 답일수록 발견의 기쁨이 있다.

생각해보면 대화는 질문의 연속이다. 늘 적절하고 옳은 답만을 내놓는 상대라는 건 대화에서 오히려 꺼려지는 존재일지도 모른다.

공자는 《논어》에서 이렇게 말한다.

'많은 책을 읽었다고 해도

어디에 가고 누구와 만나더라도 적절히 응대하지 못한다면

비록 제아무리 많은 책을 읽었다고 해도 의미가 없다.'《논어》제13편 자로)

공자는 타자에게 대응하는 것을 통해 '인간의 지성이 나타난다'고 말했다.

인간의 대화는 단순하게 어떤 질문에 '옳은 답이 하나 있고 그것을 답한다'라는 것이 아니다.

"이 사람에게는 이런 식으로 말하는 게 좋겠어."

"저 사람이 이걸 알면 기뻐하겠지."

"이런 일을 하는 사람에게는 이런 화제가 좋겠어."

"이 사람은 프로라 이걸 하면 실례가 될 거야."

상대나 상황에 맞춰 답이 달라지는 게 '교양'이다.

그리고 '지식'과 '교양'은 엄연히 다르다.

우리가 단련하려고 하는 '좋은 질문'과 '좋은 답'은 교양에 속하는 것이다.

질문이란
상담력이다

심리상담가는 상대의 감춰진 마음을 이끌어내는 전문가다. 그중에서
도 내가 존경하는 분은 고(故) 가와이 하야오^{河合隼雄} 선생으로, 그는
융 심리학을 공부하고 '상자정원요법^{Sandspiel}(상자 정원 만들기를 통해
환자의 심리 흐름을 해석하고 치료하는 요법-옮긴이)'을 일본에 도입했다.

　그분에게서 들은 재미있는 이야기가 있다. 선생이 택시를 타면 이
상하게도 운전수가 자기 이야기를 술술 풀어놓기 시작해 무심코 목
적지를 지나칠 때까지도 이야기가 끝나지 않는 일이 많았다고 한다.

　운전사는 당연히 그가 심리학의 대가인지 알지 못했을 것이다.
선생도 그저 이야기를 들으며 "그렇군요" 하고 고개를 끄덕였을 뿐

이다. 하지만 역시나 전문가답게 그것만으로도 상대의 내면을 이끌어낸 것이다.

그런 선생이 들려준 잊을 수 없는 말이 있다.

"타인의 이야기를 들을 때는 자신의 중심을 지키고 들어야합니다."

예를 들어 두 명의 여성이 카페에서 연인과 헤어진 이야기를 한다고 해보자. 그런 경우 이야기를 듣고 있던 여성은 십중팔구 "그랬어? 세상에 너무해!"라며 연인과 헤어진 상대 여성의 입장에 맞장구를 치며 호응해준다.

그런데 뜻밖에도 가와이 하야오 선생은 상담 중에 그런 식의 공감하는 듯한 태도를 절대 취하지 않는다고 한다.

"나는 이러한데, 당신은 그렇군요."

이렇게 말하며 자신의 중심을 절대로 비켜나지 않는다는 것이다. 선생은 그렇게 하지 않으면 실제로 환자를 고칠 수 없다고 했다.

중요한 건 '자신처럼 느끼고 생각해주는' 것이 아니라 '자신의 이야기를 귀 기울여 들어주지만 자신과는 다른 존재가 있다'는 사실이 아닐까.

상대가 자신과 같은 입장이 되어주지는 않지만, 자신과 다른 문맥도 분명히 존재한다는 사실에서 우리는 어떤 구원 같은 것을 얻는다.

좋은 질문이 좋은 인생을 만든다

가와이 하야오 선생처럼 흔들림 없이 중심을 잡은 안정된 사람을 눈앞에 두면, 우리는 안심하고 마치 줄에 단단히 연결되어 저 아래로 깊숙이 내려가듯이 불안정한 자신의 핵심까지 내려갈 수 있다.

질문하는 건 옳은 답을 얻기 위해서가 아니라 질문한 사람 스스로가 질문을 통해 깨달음을 얻기 위해서다.

그런 의미에서 질문력은 상담력이기도 하다.

앞에서 말했듯 우리는 자신이 진짜 어떤 것에 곤란해 하는지, 무엇을 알고 싶은지에 대하여 잘 모르는 경우가 많다.

선생처럼 '답하지 않고' 잠자코 있어주는 것만으로도 문제가 '해결'되기도 한다. 직접 알려주는 것만이 답은 아니다.

우리가 맞닥뜨리게 되는 인생의 문제에는, 완벽한 질문도 정답도 존재하지 않기 때문이다.

흥미로운 것은 자신이 의식적으로 질문하지 않아도 전혀 상관없는 데서 느닷없이 답을 만나기도 한다는 것이다.

"뭐야, 이거였어?! 나는 이런 걸 원했던 거구나!"

예상치 못한 갑작스러운 만남으로 자신이 알고자 했던 것이 비로소 보인다니, 실로 질문과 답의 관계는 복잡하다.

당신의 질문은
순박할지 모른다

지금까지 살펴본 사례로 알 수 있듯이 좋은 질문을 하지 못하는 것은 단순히 지식이 부족하기 때문이 아니다. 1장에서 이야기했던 것처럼, 좋은 질문을 하는 데 필요한 것은 자신에게 여전히 모르는 게 있다는 깨달음, 그리고 미지의 것에 대한 설레임뿐이다.

케임브리지 대학에서 유학할 당시, 나는 자주 순박한 질문이 무시당하는 경험을 했는데 그것도 나의 질문력을 단련하는 데 도움이 되었다.

한번은 학자들이 모이는 대학의 저녁식사 모임에 다른 업계에서

좋은 질문이 좋은 인생을 만든다

일하고 있는 친구를 데리고 간 적이 있다. 그 친구는 때마침 내 옆자리에 앉은 젊고 느끼해 보이는 뇌 과학 분야의 연구자에게 이렇게 물었다.

"아침 몇 시쯤에 공부하는 게 뇌에 좋습니까?"

나는 100퍼센트 '무시당하겠구나'라고 확신했다. 아니나 다를까, 뇌 과학자는 마치 친구의 질문을 듣지 못했다는 듯 완전히 무시했다.

그 친구는 그저 전문가를 만났으니 뇌에 대해 질문했을 것이고, 상대도 자신의 전문 분야에 답하는 것이니 기분 나쁠 리 없을 거라 생각했을 것이다.

그러나 솔직히 말하자면 그 친구의 질문은 너무 유치하고 순박했다. 뇌 과학자는 "디저트를 가져와야겠네요"라고 말하며 자리를 피했다.

그는 질문한 사람이 머리가 나쁘거나 뇌 과학 분야에 대해 지식이 부족한 탓에 자리를 뜬 것이 아니다. 그보다는 상대가 갖고 있는 인간에 대한 통찰이 너무 진부해서 그런 것이다.

'몇 시쯤에 공부하는 게 뇌에 좋은가?'라는 질문에 대하여 생각해보자. 본디 누구에게 '가장 좋다'라는 것은 어떻게 정해지는 것일까?

'공부'라는 말부터가 정확히 무엇을 의미하는지 분명하지 않지만, 그 친구가 묻고 싶었던 것이 '기억의 효율성을 높이기 위해서는 어떻게 하는 것이 가장 좋은가?'라는 뜻이었다고 가정해보자.

그리고 그와 관련해 기억의 효율성을 높이기 위해서는 몇 시쯤에 공부하고, 몇 시쯤에 잠을 자는 것이 좋다는 과학적 데이터가 있다고 해보자. 그런데 만약 그런 데이터가 있다 해도 효율성은 다른 시간대에 공부하는 것보다 고작 10퍼센트 정도만 높을 것이다.

억지스럽게 효율성이 높은 시간대에 공부할지 말지는 어디까지나 개인의 선택이다. 아침 8시부터 공부를 해서 10퍼센트의 효율성을 높이기보다는 밤에 여유롭게 공부하고 낮에는 다른 일을 하는 게 더 효율적일 수도 있다.

과학적 데이터는 진실이고 그대로 따라하는 게 옳다고 믿는 사람은 결국 타인에게서 자신의 기준을 구하는 사람이다.

아침에 공부하는 게 좋다는 말을 듣고서 아침 8시부터 공부해서 일류 대학에 합격했다 해도 그 인생은 타인을 따라가는 인생일 뿐이다. 자신의 머리로 생각해서 해결 방법을 찾고 혁신을 일으키는 사람과는 다르다. 그렇기 때문에 '몇 시쯤에 공부하는 게 뇌에 좋은가?'라고 묻는 것은 단순하고 미숙한 질문일 수밖에 없다.

즉, '이렇게 하는 게 좋다'라는 전문가의 말을 듣고 그대로 따라하려는 질문은 나쁜 질문이다.

소크라테스였다면
이렇게 묻는다

순박한 질문이란 어떤 것일까?

좀 더 정확하게 이해하기 위해 몇 가지 예를 들어보자.

"뇌에 좋은 음식은 무엇입니까?"

"잠은 몇 시간 정도 자는 게 좋을까요?"

"능률을 높이기 위해서는 무엇부터 시작하는 게 좋습니까?"

"영어는 몇 살에 시작해야 좋을까요?"

"영어공부를 하고 싶은데 추천해주실 책이 있나요?"

이런 질문들에 인류 최고의 지성인이라 불리는 고대 그리스의 철학자 소크라테스가 답한다고 상상해보자. 소크라테스였다면 과연 뭐라고 대답해줄까?

소크라테스는 상대와 질문을 주고받으면서 스스로 문제의 핵심을 깨우치게 하는 대화방식을 취했던 것으로 널리 알려져 있다.

내 생각에 소크라테스였다면 "아침 몇 시쯤에 공부하는 게 뇌에 좋습니까?"라는 질문에 가장 먼저 전제부터 물었을 것 같다.

"만일 전날 바빠서 새벽 5시까지 일을 했다고 가정해볼까요? 아침 8시부터 공부한다면 잠자는 시간은 고작 3시간밖에 되지 않습니다. 그래도 아침 8시부터 공부하는 게 좋다고 생각하십니까?"

"당신이 사는 곳에서는 일출이 대개 몇 시인가요? 추운 나라, 게다가 겨울철에 아침 8시는 여전히 캄캄할 텐데 그 시간에 공부해도 될까요?"

"아침 8시는 당신이 잠에서 깬 지 얼마나 지난 뒤죠? 일어나서 그 시간이 되기 전까지 산책을 하나요, 아니면 집에서 멍하니 시간을 보내나요?"

"당신의 몸 상태에 따라서도 달라지지 않을까요?"

소크라테스는 이런 전제를 분명히 제시함으로써 '아침 8시에 공부하는 게 가장 좋다'라는 하나의 데이터를 무조건 받아들일 게 아니라 상황에 따라서 얼마든지 달라질 수 있다는 점을 상대에게 이해시키지 않을까?

한 그루의 나무를, 아무것도 없는 공간이 아닌, 복잡한 숲 속에서 볼 수 있도록 한다. 얼마만큼 복잡한 문맥을 상정할 수 있는가, 그것이 인간에 대한 통찰의 깊이를 낳는다.

설사 '아침에 공부하는 게 좋다'고 해도 밤늦은 시간까지 일해야 하는 사람도 그래야만 할까? 사람마다 각자 생활하는 조건이 다르기 때문에 '반드시 이래야만 한다'고 딱 잘라 말할 수는 없다.

'세상은 복잡하고 그 복잡한 변수 속에서 일이 결정된다.'

이것이 우리가 반드시 익혀야 할 교양이다.

지금부터는 무엇이 나쁜 질문이고 무엇이 좋은 질문인지에 대하여 보다 구체적으로 알아보자.

정답을
직접 구한다

정답은 세상 어디에도 없다. 만일 있다 해도 그저 사람들이 정답이라고 믿고 있는 것일 따름이다. 예컨대 어떤 조건에서는 그 답이 옳다고 해도 복잡한 문맥 속에서 그것을 판단하지 않으면 안 된다.

'영어는 몇 살부터 공부하는 게 좋은가?'라는 질문에 대해서도 마찬가지다.

어릴 적부터 영어를 배우는 게 좋다는 과학적 데이터는 이미 있다. 어른은 머릿속에 이미 모국어가 확립되어 있어서 새로운 언어를 받아들이는 게 쉽지 않기 때문이다.

그러나 여러분이 어른이 된 후 본격적으로 영어를 공부하고 싶어졌다면, 이런 데이터가 있다고 해서 포기할 것인가?

영어를 진심으로 공부하고 싶다면 '배우겠다'고 생각한 그 시점부터 시작하는 수밖에 없다.

영국의 소설가 조지프 콘래드Joseph Conrad는 러시아에서 태어나 스무 살 이후에 처음 영어를 접했다. 그는 꽤 어른이 된 후에야 본격적으로 영어공부를 시작했고, 그 후 영어로 소설을 쓰게 되었다. 그럼에도 그의 대표작인 《암흑의 핵심》(영화 〈지옥의 묵시록〉의 원작)은 영문학사에 길이 남을 걸작으로 평가받고 있다.

어른이 되어서도 얼마든지 영어를 배울 수 있다. 또 원어민 못지않은 영어의 달인이 될 수도 있다.

그러므로 이미 나온 데이터를 맹신하여 늦었다고 포기할 필요는 없다. 비록 이상적인 답이 있다고 해도 지금 자신이 할 수 있는 것을 하면 된다.

'몇 살부터 시작해야 하는가?'에 대한 나의 답은 이렇다.

'그 질문에 대한 답은 사람의 수만큼 존재한다.'

추천을 받는다

"영어 공부를 하고 싶은데 추천해주실 책이 있습니까?"

이런 질문을 자주 받는다. 그런데 나로서는 그 사람의 취미가 무엇이고 지금까지 어떻게 살아왔는지 알 도리가 없다. 내가 좋아서 읽은 책이나 좋다고 생각한 책이 그 사람에게도 적합할지 알 수 없는 것이다. 만약 영어 공부를 하고 싶다면 타인에게 묻기보다는 서점이나 아마존의 외서 코너를 살펴보는 편이 훨씬 빠를 것이다.

과학 관련 책들은 대개가 영어로 쓰여 있다. 또 논문을 쓸 때도 영어로 써야 국내뿐 아니라 전 세계에 내 아이디어를 알릴 수 있다. 나는 내 아이디어를 해외로 수출하기 위해서 어쩔 수 없이 영어 능력을 키울 수밖에 없었다.

그래서 영어로 쓰인 과학 책부터 신문, 소설에 이르기까지 읽고 싶은 것은 무엇이든 손에 잡히는 대로 읽었다. 영어를 공부하는 방법을 고민하는 대신 그저 내가 읽을 수 있는 책, 흥미가 가는 책을 손에 들고 힘겨워하면서도 계속 읽어나갔다.

평소 좋아하던 책을 영어 원서로 읽거나, 무작정 서점에 가서 끌리는 책을 한 권 골라 끝까지 읽는 것이 영어 공부에는 효과적이다. 남에게 추천받은 책 대신 자신이 직접 선택한 책을 읽으면서 착실히 공부하는 것이 좋다.

나쁜 질문③

상대의
동의를 구한다

언젠가 부모들을 대상으로 한 강연회에서 있었던 일이다. 나는 "자녀 교육에서 정말로 중요한 것은 그 아이가 열중하고 있는 걸 부모가 소중히 여겨주는 것입니다. 입시를 위한 편찻값으로 사람의 능력을 측정할 수는 없습니다"라고 강조했다. 그런데 그 뒤에 자녀의 대학 입시를 위해 무척이나 애쓰는 학부모가 이렇게 묻는 게 아닌가.

"그래도요, 선생님. 지금부터라도 열심히 공부해서 일류 대학에 들어가는 게 아이의 미래를 위해서는 좋겠지요? 그렇다면 어떻게 해야 시험 점수를 높일 수 있을까요?"

아아, 이런 질문을 하다니, 내가 1시간 동안 힘주어 말한 내용을 완전히 무시하는 게 아닌가!

자신의 생각만을 고집하고, 자신이 옳다고 믿는 범위에서만 말하려는 사람들이 있다. 그들이 하는 질문은 타인의 의견을 묻는 것이라기보다 자신의 편견이나 가치관에 동조하길 바라는 것일 뿐이다.

자신과 다른 의견을 들었을 때 반박하지 않고 가만히 있는 사람은 '좋은 사람'이다. 멍하니 있거나 잠자코 있는 건 상대의 말을 듣고 무엇인가가 마음속에서 움직이고 있다는 증거이기 때문이다.

다른 사람의 이야기를 들어도 곧바로 이해할 수 있는 게 아니기 때문에 잠시 동안 잠자코 있어주어도 좋다. 자신과 다른 의견을 듣고 바로 묵살해버린다면 굳이 남의 의견을 들을 필요가 없을 것이다.

자신이 옳다고 생각하는 것을 집요하게 파고들 때 비로소 핵심에 이를 것 같지만, 오히려 그 반대의 일이 벌어지기도 한다. 자신을 잊고 상대의 이야기를 들음으로써 미지의 세계를 자신의 것으로 만들 수 있다.

나쁜 질문 ④
상대를
몰아세운다

질문을 할 때는 상대를 무시해서는 안 된다. 예를 들어 남편이 회사에서 구조조정을 당하고 집으로 돌아왔다고 가정해보자. 만약 집에서 기다리던 아내가 불쑥 이렇게 묻는다면 어떨까?

"이런 일을 당하다니……, 앞으로 어떻게 살죠?"

"돈은 어쩌죠?"

구조조정을 당한 남편이 그걸 고민하지 않았을 리 없다. 더군다나 그는 회사로부터 자신의 능력에 대하여 엄중하게 평가받고 자신감도 잃은 상태다.

이런 상황에서는 상대를 몰아세우는 대신 "힘들었죠. 괜찮아요?"

라고 위로의 말을 건네야 한다. 그러면 부부 사이의 대화가 전혀 다르게 전개되지 않을까?

남편이 실직 당했으니 아내는 앞으로 어떻게 살아야할지 막막하고 불안할 것이다. 아내 역시 괴로운 것은 매한가지다.

그렇다고 해도 '지금 가장 힘든 건 누구인가?' '남편이 집에 돌아오면 무슨 말을 건넬까?'를 먼저 생각하지 않으면 안 된다.

"앞으로 어떻게 살죠?"라는 말은 그저 남편을 궁지에 몰아넣는 말에 불과할 뿐 절대로 다시 힘을 내보자는 의욕으로 이어지지 않는다.

그러나 이때 아내가 "힘들었죠?"라고 위로의 말을 건넨다면 남편은 '일을 그만두게 되었지만 여전히 내 곁에는 사랑하는 가족이 있다. 이곳에서 나는 안심할 수 있다'라고 안도하며 다시 일하러 나갈 힘을 끌어낼 수 있을지도 모른다.

자녀가 입학시험에 낙방하고 돌아왔을 때도 마찬가지다.

"앞으로 어쩔 셈이야? 재수할 거니?"라고 묻는 대신 "잘했어. 괜찮지? 이제는 좀 쉬어"라고 아이를 배려하는 말을 건네야 한다.

하지만 우리 주위에는 배려하는 말을 건네기보다는 자기의 처지를 먼저 생각하는 질문으로 상대의 안전 기지를 빼앗는 사람이 의외로 많다.

안전 기지는 영국의 정신과 의사인 존 볼비John Bowlby가 제안한 개념이다.

아이들을 잘 관찰해보면 어머니처럼 자신을 지켜줄 든든한 존재가 곁에 있을 때는 마음 놓고 새로운 장난감을 가지고 놀거나 낯선 사람과 어울리며 적극적으로 자신의 세계를 탐색하지만, 그렇지 못할 때는 낯선 상황을 받아들이지 못하고 돌연 울음을 터뜨린다.

인간이(비록 어른일지라도) 자유로이 자신의 세계를 탐색하기 위해서는 '이것만 있으면 나는 안전하다'고 느낄 수 있는 안전 기지가 필요하다.

존 볼비는 인간은 자신에게 안전 기지를 선사한 존재, 즉 세계를 자유로이 탐색할 수 있도록 돕는 존재에게 애착을 느낀다고 보았다.

따라서 사랑받고 싶다면 상대가 자유로워질 수 있도록 도와야 한다. 그런 면에서 결국 사람을 자유롭게 하는 질문이 좋은 질문이라고 할 수 있다.

좋은 질문이 좋은 인생을 만든다

나쁜 질문 ⑤

양자택일을
요구한다

어느 쪽이 좋은가? 어느 쪽이 더 낫다고 생각하는가?

이렇듯 상대의 취향을 알기 위해 묻는 양자택일은 문제될 게 없다. 하지만 강제로 답을 요구하는 건 바람직하지 않다.

여러분도 '둘 중 어느 쪽인가?'라고 양자택일을 추궁당해 답이 궁했던 경험이 한번쯤은 있을 것이다.

그 전형적인 예로 남녀 간의 다툼을 꼽을 수 있다. 일이 바빠서 데이트를 하지 못하는 남자친구에게 여자는 이렇게 추궁한다.

"일이야? 나야? 어느 쪽이 더 중요해?"

이런 질문을 받으면 대부분의 남성은 이렇게 답한다.

"물론 둘 다 중요하지!"

여성은 당연히 납득하지 못한다. 그러면서도 어렴풋이 그게 남성의 본심이라고 느끼지 않을까?

여성은 자신이 '사랑받고 있다'고 실감하지 못하면 무심코 '어느 쪽이 중요하냐?'며 추궁하는데, 사실은 이렇게 물어야 한다.

"일과 나, 둘 다 사랑하기 위해서는 무엇을 바꾸는 게 좋겠어?"

이런 질문을 받으면 남성은 자신이 일을 우선시하여 연인을 소홀히 대했다는 사실을 깨닫고, 업무 스타일을 어떻게 바꿀지에 대하여 진지하게 고민할 것이다. 그렇지 않으면 연인은 자신의 곁을 떠나갈 테니까.

이런 유쾌하지 못한 일들은 종종 있다. 예컨대 '일본을 대표하는 영화감독으로 구로사와 아키라와 오즈 야스지로 중 누가 더 훌륭한가'라는 논쟁을 들 수 있다.

나는 오즈 야스지로 감독을 선택할 테지만, 그렇다고 해서 구로사와 아키라를 택하는 사람과 어느 쪽이 더 훌륭한지를 놓고 논쟁을 벌이는 건 쓸데없는 일이다.

나는 감각적으로 오즈 야스지로가 앞선다고 말하겠지만, 어떤 사람은 구로사와 아키라가 최고라고 말할 것이다.

경험상 이런 논쟁을 통해 무언가를 배울 수는 있지만 결론을 이

좋은 질문이 좋은 인생을 만든다

끌어낼 수는 없다.

"당신의 말을 듣고 구로사와 아키라 감독의 장점을 이해할 수 있었다. 그러나 오즈 야스지로도 이런 점에서는 훌륭하다."

상대의 의견을 귀 기울여 들으면 무엇이든 배우는 것이 있기 때문에 결론은 미뤄두는 게 좋다.

다른 예로 '비틀즈와 U2 중 어느 쪽이 좋은가'라는 질문도 있을 수 있다. 이 경우 나의 선택은 비틀즈다. 만약 모차르트와 베토벤이라면? 나는 모차르트다. '버섯 산(초콜릿을 버섯 모양으로 얹어 굳힌 과자-옮긴이)'과 '죽순마을(초콜릿을 죽순 모양으로 얹어 굳힌 과자-옮긴이)'의 경우라면? 나는 죽순마을이 좋다.

나는 버섯 산을 좋아하는 사람과 이를 두고 여러 차례 논쟁을 벌였는데, 그들에게 이미 죽순마을이 낫다는 게 증명되었다고 말하면 모두 망연자실해 했다.

자신의 기호(혹은 타인의 기호)를 분명히 인식하는 건 자신(혹은 그 사람)을 이해하는 데 매우 중요하다.

그러나 내 생각만을 강요하거나 어느 쪽이 옳은지 필사적으로 결론을 내려고 하기보다는 서로의 의견을 경청하고 제3의 선택지를 이끌어내는 질문을 할 때까지 일단 보류하는 게 좋다.

좋은 질문 ①

분위기를
바꾼다

나는 NHK의 〈프로페셔널 일의 방식〉의 진행자로 일한 적이 있다. 이전에도 TV에 자주 출연했지만 정규방송의 진행자로 일한 건 처음이라 새로운 도전이었다.

첫 방송일은 2006년 1월 10일로, 녹화 분량은 전년도에 이미 작업을 마친 뒤였다. 이 방송은 각 분야에서 일하는 프로들의 하루를 카메라에 담고, 그 인물이 직접 스튜디오에 나와 자료화면을 보면서 이야기를 나누는 구성이었다.

진행자로서 나의 역할은 준비된 자료화면을 보면서 출연자에게 여러 가지 질문을 던져 속마음을 듣거나 감춰진 맨얼굴이 드러나도

록 유도하는 것이었다.

첫 게스트는 호시노 리조트의 사장 호시노 요시하루 씨였다. 내가 그에게 던진 첫 질문은 이랬다.

"자료화면을 보니 티셔츠 차림으로 일하시네요, 무슨 특별한 이유라도 있습니까?"

출연자에게 무엇을 물을 것인지는 사전에 스태프가 정한 흐름에 따르지만 최종적으로는 내가 판단한다. 당시에 무슨 이유로 그런 질문을 했는지는 잘 기억이 나질 않는다.

호시노 씨는 경영이 부진한 시설의 재건에 계속 힘써왔다. 그가 손을 댄 곳 가운데 실제 적자에서 벗어나 흑자로 돌아선 곳도 많았고 참신한 아이디어로 주목받았다.

그런 사람에게 '왜 티셔츠 차림으로 일하는가?'라는 질문은 얼핏 초점이 빗나간 것처럼 보인다. 자칫하면 '대체 무엇을 물으려는 거지?' 하고 상대의 불신을 살지도 모른다.

그렇다고 해서 그에게 '경영에 있어 가장 중요한 것은 무엇인가?'라고 직구를 날릴 수는 없는 일이었다. 처음 만난 사람에게 자신이 가장 중요하게 생각하는 것을 허심탄회하게 말해줄 것 같지는 않았기 때문이다.

'왜 티셔츠 차림인가?'라는 질문은 변화구다. 경영자라면 보통 직위에 걸맞는 깔끔한 정장차림을 하기 마련이다. 그런데 소탈한 티셔츠 차림으로 일하는 모습을 보고, 나는 그가 무엇을 중시하는지 간접적으로 엿본 것 같았다.

나의 질문에 그는 "더워서요"라고 답했다. 가루이자와 출신이라 추위에 더 익숙해서 사원들이 많은 곳에 가면 덥다고 했다. 즉, 사원들이 일하는 곳을 자주 방문하기 때문에 티셔츠 차림으로 일할 수밖에 없다는 이야기였다. 그 대답을 통해 나는 그가 경영자로서 성공한 비결을 알 수 있었다.

'꿈보다 해몽이 좋다'는 말처럼 결과가 좋기에 그럴 듯하게 보이는 것일지도 모르지만, 이 질문으로 어색했던 분위기는 한결 부드러워졌다. 호시노 씨도 아마 새로 시작한 방송에 첫 게스트로 초대되어 과연 어떤 질문을 받을지 긴장했을 것이다.

이처럼 좋은 질문은 그곳의 분위기나 흐름, 상황을 순식간에 바꾼다. 직접적이고 본질적인 것만이 좋은 질문은 아니다. 좋은 질문은 사람과 사람의 관계 속에 있다.

좋은 질문이 좋은 인생을 만든다

상대의 경험을
묻는다

상대의 가장 중요하고 심오한 부분을 이끌어내기 위해서는 상대의 말에 공명共鳴하듯 질문해야 한다.

공명이란 동조한다는 뜻이 아니다. 무언가를 한 입 먹고 자신의 입 안에서 그 맛이 어떻게 퍼져나가는지 똑똑히 음미하는 것처럼 자신의 귀로 들어오는 상대의 말에 내 몸이 분명히 반응한다는 의미다.

'이 사람은 내 말을 귀 기울여 듣고 있다'고 느끼면 사람은 기꺼이 많은 이야기를 들려준다.

자신의 주장을 밀어붙인다고 해서 상대의 동의를 이끌어낼 수는 없다. 어렵사리 반대 의견을 듣거나 동의를 얻어 상대의 진면목을 얼핏 엿볼 수도 있겠지만, 그런 주장이 그의 본질을 담고 있으리라는 보장은 없다.

타인을 자신과 다른 존재로 인식하고 자신이 악기가 되어 그 사람의 말에 공명했을 때 상대의 가장 깊은 부분을 이끌어낼 수 있다.

상대의 이야기에 귀 기울일 수 있는 사람은 자신을 확장시킬 수 있다. 상대의 좋은 점을 이끌어낼 수 있다면 자신에게 없는 것을 얻고 인생에 도움이 되는 지혜를 깨닫게 된다.

그렇기 때문에 '당신은 이럴 때 어떻게 했는가?' '당신의 경우는 어떠했는가?' '당신은 어떤 심정이었는가?' 등과 같이 다른 사람의 경험을 묻는 것은 좋은 질문이다.

좋은 질문이 좋은 인생을 만든다

좋아하는 것을
묻는다

영화를 좋아하는 사람이 있다고 해보자. 그런 사람에게는 "무슨 영화를 보면 좋을까요?"라고 묻기 보다는 "어떤 영화를 좋아하나요?"라고 묻는 것이 좋다.

그런 질문이라면 상대도 무엇을 좋아하고 어떤 게 좋았는지에 대해 많은 이야기를 들려줄 수 있다. 그저 자신이 좋아하는 것을 고민 없이 편하게 말하면 되기 때문이다.

맛집을 찾아다니며 미식을 즐기는 사람이 있다면 "좋은 레스토랑은 어디인가요?"라고 묻기 보다는 이렇게 묻는 편이 좋다.

"즐겨 찾는 레스토랑은 어디인가요?"

그렇게 물으면 그 사람의 취향을 이해할 수 있고, 미식가는 어떤 관점에서 맛을 음미하고 어떤 기준으로 레스토랑을 평가하는지도 알 수 있다.

"좋은 와인은 어떤 것입니까?"

이런 식으로 질문하면 상대가 말한 와인을 마실 수밖에 없다.

"어떤 와인을 좋아하세요?"

이렇게 물으면 참고는 하겠지만 선택하지 않아도 될 자유가 있다. 또 그 정보를 기억해두었다가 나중에 여유가 있을 때, 혹은 연인과 특별한 시간을 보내고 싶을 때 마셔도 좋을 것이다.

나는 초등학교에서 강연할 때마다 "너희들은 요즘 뭘 좋아하니?"라고 묻는다.

어른들은 잘 모르겠지만 초등학교 학생들 사이에서는 폭발적으로 유행하는 것이 반드시 하나쯤 있다. 몇 해 전에는 〈함대 컬렉션〉이라는 게임이 아이들 사이에서 한창 유행이었는데, 나도 한때 거기에 빠지기도 했다. 물론 그것이 내 인생의 중요한 무언가가 되지는 않았지만, '요즘 아이들은 이런 걸 좋아하는구나!' 하고 느끼기에는 충분했다.

상대가 나와 다른 취미를 가졌다고 해서 굳이 똑같은 취미를 가

좋은 질문이 좋은 인생을 만든다

질 필요는 없다. '이 사람은 이런 취미를 가졌다' 정도로 기억에 담아 두는 것으로도 충분하다. 훗날 그 일을 좋아하게 될지도 모르고, 그렇지 않더라도 그런 것을 좋아하는 사람들이 있다는 것을 아는 게 교양이 되기도 한다.

이렇게 다른 사람들이 좋아하는 것을 물어보면서 세상에는 다양한 사람들이 있다는 것과 내가 알지 못했던 무궁무진한 미지의 세계가 있다는 것을 피부로 느낄 수 있다.

본심을
깨우친다

자신의 감정을 메타인지하기 위해서는 꽤 긴 시간이 걸린다.

나에게도 지금껏 살아오면서 간단히 답을 찾지 못한 질문 몇 가지가 있다.

'나는 왜 미국의 대학으로 유학을 가지 않았을까?'라는 질문도 그중 하나다.

나는 18세에 장학금을 받았지만 떠나기 직전에 유학을 포기했다. 대학생이 된 뒤에도 유학을 떠날 기회가 있었지만 일본에 남기로 했다.

나는 왜 가지 않기로 결정한 것일까?

내게 그것은 해결되지 않은 문제로 남아 있었다. 지금껏 여러 차례 자문해보았지만 그때마다 다른 답을 떠올렸을 뿐이다.

그러다가 쉰 살이 넘은 어느 날 분명한 답을 얻었다. 내가 미국 유학을 포기한 것은 정체성을 잃는 게 두려웠기 때문이다.

고등학교 1학년 때, 홈스테이를 한 적이 있었다. 나는 그 경험을 통해 서양에 대한 맹렬한 동경심을 느낌과 동시에 공포심을 갖게 되었다.

'영어로 말할 수 있게 공부하자' '서양의 문화에 적응하자'며 필사적으로 같은 나라 사람들을 피하고 '나는 너희들과는 다르다'며 짐짓 가면을 쓴 인간이 될까봐 진심으로 두려웠다.

서양 문화에 대한 강한 동경을 품고 유학길에 올랐다면 내 나라의 모든 것을 얕잡아보게 되고, 결국 자신이 누구인지도 제대로 이해하지 못할 것만 같았다.

이런 고민을 해결해준 것이 오즈 야스지로 감독이다. 대학 시절, 지극히 평범한 일본의 일상을 그린 그의 영화 〈동경 이야기〉를 처음 보았다. 그 후 몇 번이고 되풀이해 보면서 내 안에 어떤 확신 같은 것이 생겼다.

"내가 동경했던 서양 문화에 필적하는 가치있는 것이 우리에게도 있다!"

오즈 야스지로 감독의 영화를 몇 번이고 보면서 '일본의 문화는 훌륭하다' '미국에 가서 미국인들 사이에서 영어로 말하고 살아도 전혀 위축되지 않을 것이다'라고 확신하게 되었다. 그리고 '미국인이 되려고 애쓸 거 없다. 이대로의 나로도 충분하다'는 정체성을 확립할 수 있었다.

나는 자신이 태어난 나라의 문화가 최고라는 사실을 오즈 야스지로 감독의 영화를 보기 전까지는 깨닫지 못했다.

어릴 적부터 라쿠고落語(몸짓과 말만으로 여러 사람을 혼자서 연기하는 일본의 전통 일인만담 공연–옮긴이)나 가부키를 자주 보러 다녔고, 구로사와 아키라 감독의 작품을 비롯한 일본영화도 많이 보았다. 그럼에도 멋진 서양문화에 콩깍지가 씌었던 청춘시절에는 그 모든 것에 심드렁했다.

그러다가 오즈 야스지로 감독의 영화를 보고서야 비로소 "이거다!"라는 깨달음을 얻었다.

그때까지 내가 보아왔던 일본의 작품들이 최고가 아니었다는 것이 아니라 그런 깨우침을 준 것이 오즈 야스지로 감독이라는 뜻이다.

젊은 사람은 특히 '자기 부정의 병'에 걸리기 쉽다.

나 역시 내 나라를 부정하면서도 내가 다른 사람이 되는 것도 아니어서 마음고생이 이만저만이 아니었다. 하지만 오즈 야스지로 감

좋은 질문이 좋은 인생을 만든다

독 덕분에 일본에 대해 긍정하게 되었다.

'여기가(이것이) 아닌가?'라고 자신이 처한 환경에 대해 계속 질문을 던지는 건 매우 좋은 일이다.

고개를 갸웃거리게 하는, 도저히 납득 되지 않는 애매한 느낌을 무시하지 말고 '이거구나!' 하는 자기만의 깨달음과 만나는 순간까지 끈질기게 찾아간다. 그래야 비로소 자신의 본심을 알게 된다.

좋은 질문⑤
어떤 인생을
살아갈 것인지
자문한다

'좋은 인생을 살아가기 위해서는 어떤 게 필요할까?'

매우 좋은 질문이다.

나는 〈프로페셔널 일의 방식〉의 진행자로 2006년부터 2010년까지 4년 동안 일했다. 함께 방송을 만든 사람들이 프로그램에 열의를 가지고 열정적으로 일하는 것을 보면서 나도 '더 이상은 무리'라고 느껴지는 한계까지 모든 것을 쏟아 부었다.

방송 일에 익숙하지 못한 탓도 있었지만 나에 대한 동료들의 기대에 부응하기 위해 필사적으로 노력했다. 돌아보면 내 인생 중 가장 타인에게 맞추어 살았던 시기였다.

살아가면서 타인이 나에게 원하는 것, 소위 '시장'의 요구와 자신의 본질을 지키는 것 사이에서 균형을 유지하는 게 중요한데, 그때는 그럴 수가 없었다.

여기서 내가 시장이라고 하는 것은 '타인이 원하는 것을 만든다'라는 의미이기도 하지만 '이런 것을 하면 안정된 생활을 얻을 수 있다' '이런 방식으로 하면 칭찬받을 수 있다' '다른 사람들이 퇴근할 때까지 퇴근하지 않으면 예의바른 사람으로 호감을 살 수 있다' 등등 소위 상식에 부응하려는 마음을 말한다.

그런데 지나치게 시장에 맞추려 하다 보면 자신이 어떤 사람인지 알 수 없게 된다.

방송 진행자로 일한 4년은 정말로 중요한 시기였지만 지금 되돌아보면 제대로 숨도 쉴 수 없는 나날이었다. 사람이 필사적으로 일할 때는 자신이 질식 상태에 있다는 것을 알아차리기 어려운 법이다.

언젠가 올림픽에 출전하는 대표선수들과 만난 적이 있다. 그들은 하나같이 운동 외에는 아무것도 모를 정도로 자신을 거세게 몰아세우고 있었다. 그렇게 하지 않으면 올림픽에 출전할 수 없기 때문이다.

그리고 그렇게 혹독한 경쟁 속에서 운동만 하다가 은퇴하게 되면 맥이 탁 풀려 버린다고 한다.

소용돌이 속에 있을 때는 '어떻게 균형을 잡을 것인가'라는 질문 따위는 떠올리기 어려운 법이다.

여러분에게도 아마 비슷한 경험이 있을 것이다.

'합격하려면 공부해야 한다!'며 자기 자신을 몰아세우고 다른 건 일절 생각할 여유가 없다. 당연히 잠시 놀러가거나 쉰다는 생각조차 하지 못한다.

대부분의 직장인들도 정년을 맞이하면 올림픽 선수들처럼 맥이 빠져 망연자실해 한다.

물론 타인의 기대에 부응하거나 한 가지 일에 몰입하는 시기가 있다는 건 중요하다.

그러나 그런 시기가 끝난 뒤에도 인생은 여전히 이어진다. 그런 의미에서, 자신에게 기분 좋은 것은 무엇인지 질문하는 것 역시 살 아가는 데 있어 매우 중요한 일이다.

애플을 이끌었던 스티브 잡스의 유명한 연설이 있다.

유튜브를 통해서도 볼 수 있는데, 미국 스탠포드 대학의 졸업식 에서 그는 이렇게 말했다.

"오늘이 내 인생의 마지막 날이라면 오늘 내가 하려고 했던 일을

좋은 질문이 좋은 인생을 만든다

할 것인가?"

그는 만일 이 질문에 "노"라고 답하는 날이 너무 길어진다면 그것은 문제라고 말한다.

여러분도 지금 자신에게 이 질문을 던져보자. "노!"라는 답이 계속되고 있지는 않는가?

만일 그렇다면 이렇게 자문해보자.

"단 한순간이라도 좋으니 바쁘게 살아가는 중에 자신을 돌아볼 순간을 갖기 위해서는 어떻게 해야 할까?"

좋은 질문을
하기 위한
네 가지 키워드

좋은 질문을 하기 위해서 어떤 말을 어떻게 골라야 하는지에 대하여 생각해보자. 사용하는 말 한 마디를 바꾸는 것으로도 좋은 질문이 되기도 하고 나쁜 질문이 되기도 한다.

질문력이 확실히 높아지고 바로 효과를 볼 수 있는 마법과도 같은 말들을 소개해보려고 한다.

중요한 포인트는 '시간' '목적' '수단(방법)'이다.

①시간

시간에 관한 키워드는, '지금'이다.

좋은 질문이 좋은 인생을 만든다

'지금 무슨 일이 일어나고 있는가?'

'지금 자신이 할 수 있는 최선은 무엇인가?'

'지금 당장 하지 않으면 안 되는 건 어떤 것인가?'

이렇게 지금에 집중하면 관찰력이 높아지고 구체적인 대책이 보인다.

②목적

목적에 관한 키워드는 '무엇을 하고 싶은가'이다.

살다보면 목표한 일이 아니더라도 하지 않으면 안 되는 일이 수두룩하다. 물론 그런 일들을 하지 말라는 뜻은 아니다. 그런 일이 뒤섞여 있어도 '이것만큼은 하겠다'라고 생각한 것을 매일 착실하게 몇 분이라도 해나가면 자신의 중심을 지키며 평온하게 지낼 수 있다. 그리고 자기 자신을 지킬 수 있다면 다른 사람에게도 친절을 베풀 수 있다.

'자신이 가장 하고 싶은 것은 무엇인가?'

이렇게 나의 목적은 무엇인지를 스스로 물으며 일을 진행해가면 자기중심을 지키며 평온히 지낼 수 있기 때문에 함께 일하는 사람들과의 관계도 좋아진다.

목적을 묻는 질문은 마치 나침반처럼 우리를 원하는 인생으로 이끌어준다.

③ 수단(방법)

문제가 생겼을 때 어찌하면 좋을지 몰라 허둥댈 때가 있다. 그럴 때 아무것도 안 하고 그냥 내버려두면 사태가 한층 더 심각해질 수 있다.

이때의 키워드는 '어떻게'이다.

사태에 너무 구애받지 말고 이렇게 자문해본다.

'어떻게 지금의 사태를 수습할 수 있을까?'

'어떻게 사람들을 설득하면 좋을까?'

'어떻게 더 완벽하게 해낼까?'

문제를 해결하기 위한 수단과 방법은 수없이 많다. 그중에서 일단 자신이 할 수 있는 것을 고민해보고 그 방법을 발견하면 즉시 실행에 옮겨본다. 잘되었다면 계속하고, 잘되지 않았다면 다시 질문한다. 이 과정을 반복해가면서 문제를 해결해간다.

④ 전지전능한 키워드

앞에서 언급한 세 가지 키워드 외에도 질문력을 높이는 중요한 키워드가 있다. 그것은 '조금 더'라는 말이다. 이상하게도 이것이 현재의 상황을 크게 바꾼다.

'저 사람과의 관계를 조금 더 개선하기 위해서는 어떻게 해야 할까?'

'앞으로 조금 더 성장하기 위해서는 무엇을 하면 좋을까?'

세상에 정답은 없다. 그러나 자신이 할 수 있는 범위 안에서 '조금 더' 해나간다면 염려할 게 없다.

4장.

질문은
뇌의 가능성을
확장한다

질문할 때 뇌에서는
무슨 일이 일어날까?

좋은 질문은 자신과 타인에게 자유를 주고 새로운 길을 개척하게 한다.

이때 뇌에서는 어떤 변화가 일어나고 있을까?

또 뇌의 어떤 작용으로 좋은 질문이 탄생하는 것일까?

이번 장에서는 그에 대하여 설명해보려고 한다.

타인에게 질문할 때는 먼저 상대와 같은 마음이 되어 생각해야 한다. 우리의 뇌가 타인의 마음을 생각하는 회로에는 두 종류가 있다.

예를 들어, 우는 아이가 있다고 가정해보자. 이 아이를 대하는 방법에는 두 가지가 있다.

①공감으로 질문한다.

②논리로 질문한다.

①공감에서 나온 질문은 "가여워라. 왜 우니?"라고 마음으로 아이에게 다가가는 방법이다.

②논리에서 나온 질문은 아이가 우는 이유가 무엇인지, '장난감이 망가졌기' 때문인지 아니면 '자기만 남겨두고 친구가 가버렸기' 때문인지 여러 가지 가능성을 검토하고, '이 아이는 무엇을 원하는지'를 파악한 후 구체적인 해결법을 제안하는 것이다.

우리에게는 ①의 감정에 동조하는 능력과 ②의 논리력이 모두 필요하지만 뇌가 움직이는 부위는 제각기 다르다.

여러분은 남이 아파하는 모습을 보고 실제로 자신이 아픈 것처럼 느꼈던 적이 없는가?

타인의 감정이 마치 내가 직접 느끼는 것인 양 자신의 뇌에 생생하게 재현될 때가 있다.

이것은 ①공감하는 뇌 회로의 기능이다. 자신이 실제로 아픔을 느꼈을 때는 전대상피질이라는 뇌 부위가 활성화된다. 그런데 타인이 아파하는 모습을 보고 있는 것만으로도(자신은 전혀 아프지 않은데)

똑같은 부위가 움직인다. 결국 상대의 아픔을 그대로 나의 아픔으로 느끼는 것이다.

뿐만 아니라 인간의 뇌에는 그저 타인의 '행동'을 보는 것만으로도 마치 자신이 그 행동을 하고 있는 것처럼 반응하는 부위도 있다. 예컨대 신체 감각에 관하여 일하는 부위인 두정엽이 그렇다. 타인의 행동을 마치 자신의 것인 양 대체하는 구조로, 그런 행동을 할 때 어떤 기분인지를 상상할 수 있다.

'저런 행동을 했을 때 나는 이렇게 느꼈었지, 그리고 이런 생각을 했었지' '저 사람은 지금 아마 이렇게 느끼고 있지 않을까?' 하고 타인의 마음을 추론하는 것이다.

결국 공감회로처럼 직접적으로 전달되는 감정도 있지만 자신의 경험에 비추어 추론해야만 하는 감정도 있다. 후자처럼 상대가 한 행동의 이면에 있는 마음을 추론하는 데는 앞서 말한 두정엽과 함께 내측 전전두피질이나 상측두구가 움직여야 한다. 이 회로가 ②처럼 타인의 마음을 논리적으로 분석한다.

①과 ②는 비슷한 기능이 이루어지는 듯 보이지만 결정적인 차이가 있다. ②의 경우는 자신과 타인은 다른 마음임에도 불구하고 타인의 마음을 추론할 수 있다. 이것이 어떤 의미인지 좀 더 살펴보자.

'나와 너는 다르다'는 걸 알면 감정이 풍부해진다

'틀린 믿음 과제false belief task'라는 것이 있다.

예컨대 지금 여러분이 인형극을 보고 있다고 가정해보자. 무대 위에는 세리와 앤이라는 인형과 상자 두 개가 있다. 지금 세리가 앤의 눈앞에서 자신의 소중한 장난감을 왼쪽 상자에 넣고 무대를 나갔다.

그런데 앤은 무슨 생각에서인지 세리가 무대를 나간 뒤에 그 장난감을 왼쪽 상자에서 오른쪽 상자로 몰래 옮겼다. 잠시 뒤 세리가 돌아왔다. 세리는 장난감 놀이를 하자며 어느 쪽 상자를 열까?

당신이 ②의 논리력을 사용하여 세리의 마음을 추측한다면 답은 '왼쪽 상자'가 될 것이다. 당신은 지금 장난감이 오른쪽 상자에 있다는 걸 알지만, 세리는 앤이 장난감을 옮겨놓았다는 사실을 알 리 없다. 그러므로 당신은 세리의 입장이 되어 "왼쪽 상자를 연다"라고 대답할 것이다.

그런데 타자의 마음을 이해하는 데 비교적 서툰 자폐아동의 경우는 이때 "오른쪽 상자"라고 대답한다.

왜냐하면 그들은 자신과 세리를 구별하지 못하기 때문이다. 그래서 지금 장난감은 오른쪽 상자에 있고 세리가 장난감을 꺼내기 위해 오른쪽 상자를 열 거라고 생각한다.

타자의 마음을 추론하기 위해서는 먼저 '자신과 타인은 다르다'

는 걸 이해하지 않으면 안 된다.

자신과 타인을 분리할 수 있는 사람이 결과적으로 타인의 마음을 추량하는 능력이 높다.

좋은 질문이 좋은 인생을 만든다

뇌는 타인의 마음을
읽을 수 있다

주위 사람들과 원만히 잘 지내지 못하거나 민폐를 끼치는 사람이 있다면 이런 질문을 해보면 꽤 효과적이다.

'저 사람은 왜 저런 행동을 하는 걸까?'

앞서 우리는 공감과 논리력이라는 두 가지 방법을 통해 타인의 마음을 헤아린다고 말했다.

사람들이 거북한 상대에 대해 적절히 대응하지 못하는 것은 '이 사람에게 공감할 수 없다'고 생각하기 때문이다. 도저히 공감할 수가 없으니 싫다고 거부해버리는 것이다. 그러나 공감하지 못하기에 '상대를 이해할 수 없다'고 단정하는 건 매우 위험한 일이다. 우리가 이해할 수 있는 타인이란 건 지극히 적기 때문이다.

이 세상에는 나와 국적과 종교, 사고방식이 다른 사람이 압도적으로 많다. 우리가 자신과 비슷한 사람밖에 이해할 수 없다면 아마도 그 수는 매우 적을 것이다.

주위에 공감하기 어려운 상대가 있다면 일단 나와 분리시켜 '저 사람은 왜 저런 말을 하고 저런 행동을 하는지'를 냉정하게 분석하고 이해해야만 한다.

언젠가 대학교수로 일하다 정년퇴직한 사람과 만난 적이 있다. 나는 굳이 '○○대학을 정년퇴직했다'는 사실을 강조하는 그에게 위화감을 느꼈다. 그렇다고 인연을 끊을 수도 없는 일이었다.

그래서 '이 사람은 ○○대학의 직위를 매우 중요하게 생각했는데 정년퇴직하면서 그것을 내려놓을 수밖에 없었던 걸 아쉬워하는구나. 평범한 사람이 된 것 같아 불안한 마음에 자신이 과거에 어떤 사람이었는지를 남에게 재확인시키는 거구나'라는 식으로 냉정히 분석했더니 어느 정도 이해되는 부분도 있어서 그다지 화가 나지 않았다.

공감뿐 아니라 냉정한 분석을 통하여 상대를 이해함으로써 자신의 머릿속에 있는 타인에 대한 이해의 폭을 비약적으로 늘려간다.

'타인에게 친절하다'는 건 결국 냉정한 분석을 거듭하고 있다는 의미이기도 하다.

자기 안에 있는 타자를 늘려감으로써 자신이 살아가는 데 참고가 될 부분도 늘려간다.

타인에게는 공감이 아닌 질문을 하자.

이 접근법의 최종 목표는 '저 사람은 이런 상황이 되면 이렇게 행동하겠지'라고 예측할 수 있게 되는 것이다. 만약 그럴 수 있다면 훨씬 관계가 수월해진다.

예를 들어 회사에서 '부장은 이런 상황이면 불같이 화를 낸다' '이럴 때는 기획이 거부된다'라고 예측할 수 있다면 어떻게 교섭해야 상대가 '예스'라고 말할 확률을 높일 수 있는지 알 수 있을 것이다.

'왜 이런 상사 밑에서 일해야 하는 거지? 더는 못 참아. 당장 그만두겠어'라고 타인에게 공감하지 못하면 나만 괴로워질 따름이다.

'이 사람이 이런 상태에 있을 때 이렇게 말한다면 원만히 잘 해결할 수 있지 않을까?' 하고 마치 일식日蝕을 예측하듯 사람의 행동을 냉철히 예측하는 질문을 함으로써 원만한 해결 방법을 찾아야 한다.

상대가 어떤 식으로 행동할지 100퍼센트 예측하는 건 사실상 불가능하지만 냉정하게 분석함으로써 원활히 소통을 이어갈 수는 있다.

뇌는
세세한 부분까지
보고 있다

타인에게 좋은 질문을 하기 위해서는 상대를 잘 살펴봐야 한다. 대화를 나누면서 상대의 표정이나 얼굴색, 태도, 동작의 빠르기가 어떻게 변하는지를 통합적으로 파악하고 '이 사람은 지금 뭔가 주저하고 있다' '이 사람은 지금 즐기고 있다' 등 상황을 파악한 후 어떤 질문을 할 것인지를 결정한다.

측두엽의 베르니케 영역을 중심으로 한 감각통합이 이뤄지는 곳에서는 시각정보, 청각정보, 신체감각정보 등을 한데 모아서 의미를 부여하는 작용이 이루어진다.

가장 중요한 것은 상대가 보내는 다양한 정보에 처음부터 의식적으로 주의를 기울이려는 노력이다. 여기에는 전두엽을 중심으로 하는 주의注意 회로가 관여하고 있다.

최근 '마음 챙김mindfulness'이 세계적으로 주목받고 있다. 이것은 불교의 선 수행을 근간으로 만들어진 훈련법으로, 업무 대체능력, 효율성, 창조성, 행복감이 현격히 향상되는 효과가 있어 구글이나 페이스북을 비롯한 다수의 기업에서 도입하고 있다.

그런데 마음 챙김은 질문력을 향상시키는 데도 최적의 훈련법이다.

마음 챙김이라는 것은 지금 자신이 속해 있는 환경 속에서 일어나는 일이나 자신의 마음속에서 일어나는 일들을 있는 그대로 바라볼 수 있는 상태를 말한다.

평소 우리는 무엇인가를 알아차리면 즉각적으로 '좋다' 혹은 '나쁘다'라고 판단해버린다.

'저 사람이 이런 행동을 했다. 정말 싫다.'

'나는 지금 이런 생각했다. 부끄럽다.'

마음 챙김에서는 우리의 마음속에서 일어나는 것을 그저 알아차릴 뿐 일절 '좋다/나쁘다'라고 판단하지 않는다.

'저 사람이 지금 이런 말을 하네.'

'나는 지금 이런 생각을 하는구나.'

'벌레가 날아가고 있어.'

'다리가 가려워.'

지금 자기 주변에서 일어나는 것, 자신의 마음속에서 일어나는 온갖 것들을 알아차리고 그저 흘려보내는 훈련이기 때문에 전두엽을 중심으로 하는 주의 회로를 단련시킨다. 간단히 말하면, 여러 가지 것들을 알아차리는 것이 핵심이다.

마음 챙김이 어떻게 창조성이나 행복감에 영향을 끼치는 걸까? 사람은 큰 스트레스를 받으면 '왜 이렇게 된 거지?' 하는 생각에 사로잡혀 옴짝달싹 못하게 된다. 그 질문에 매달려 있는 탓으로 불행해지는 것이다.

마음 챙김에서는 '저 사람은 이렇게 말했고 나는 이렇게 느낀다' '다른 사람은 이렇게 한다' '저기 새가 지저귄다' 등 '좋다/나쁘다'는 판단이 아니라 그저 일어난 사실을 알아차리는 데 중점을 둔다. 세상에는 다양한 문맥이 있다는 걸 자연스럽게 인지하고 어떤 한 가지 상황에 구애받지 않고 그저 흘려보낼 수 있는 힘을 키우는 것이다.

이렇게 어떤 일이 생겼을 때 즉시 판단하지 않는 연습을 통해 여러 가지 다양한 상태가 있다는 걸 깨닫게 된다. 그것으로 상대의 마음을 추론할 때 도움이 되는 정보를 머릿속에 저장할 수 있고, 필요할 때마다 손쉽게 그 정보를 찾아볼 수 있다.

이처럼 즉시 판단하지 않으면 뇌의 체험치가 높아진다. 또 이것
은 타인뿐 아니라 자신이 어떤 상태인지를 자각하는 메타인지 능력
을 높이는 데도 도움이 된다.

기억을 쌓고
예측한다

대화나 회의 중에 질문이 나오기도 하는데, 그럴 때 앞으로 상황이 어떻게 전개될지 예측하지 못하면 생각처럼 상황이 원활하게 흘러 가지 않는다.

예컨대 파티를 열었을 때 중간에 상황을 살핀 후 '이제 슬슬 디 저트를 먹는 게 좋겠지?'라고 생각하고 디저트 타임을 제안한다. 이 렇게 사람들의 심리나 앞으로의 상황을 예측하고 적절한 제안을 할 수 있으면 참석자들에게 좋은 파티였다는 평가를 받을 수 있다.

이처럼 좋은 질문이란 좋은 전개를 만든다.

'지금 다들 이런 기분으로 있으니 이런 걸 해보면 좋겠어!'라는 계획이 사람들을 유쾌하게 만드는 것이다.

이처럼 무언가를 계획하는 능력과 질문력은 관련이 있다.

다양한 감정과 상황을 알아차린 뒤 장차 어떻게 될지 읽어내는 능력에는, 앞서 언급한 내측 전전두피질을 중심으로 한 전두엽이 중요한 기능을 한다. 이것은 관찰한 사실을 근거로 추론하는 능력이다.

또한 앞으로 어떻게 전개될지 예측하는 데는 현재의 상황뿐 아니라 과거의 경험도 참조하는 게 좋다.

'전에 이런 상황에서 이렇게 해서 실패했었지!'

'그때는 저 사람이 이런 행동을 했었지!'

비슷한 상황을 머릿속에 떠올림으로써 장차 어떻게 전개될지를 손쉽게 예상할 수 있다.

내측 전전두피질은 기억을 맡은 중추해마와 함께 움직인다. 그렇기 때문에 좋은 질문을 하기 위해서는 많은 경험을 쌓아야 한다.

현재 상황을 있는 그대로 보고 과거를 참조하여 미래를 예측한다. 이렇듯 뇌가 총력전을 벌였을 때 비로소 좋은 질문이 탄생한다.

의식의
방해를
받지 마라

2장에서 감정과 논리의 구조에서 '인지적 부조화'에 대하여 다루었는데, 그것이 말해주는 것은 '스스로 찾아낸 답이 진짜 답은 아니'라는 것이다.

같은 일을 하더라도 많은 돈을 받은 사람과 그렇지 않은 사람이 느끼는 일하는 즐거움에는 차이가 있었다. 돈을 많이 받은 사람보다 많이 받지 못한 사람이 '재미있어서 이 일을 한다'고 자기 합리화를 했다.

즉, 불편한 마음이 편해지도록 의식이 자신에게 유리한 해석을 채택한 것이다.

좋은 질문이 좋은 인생을 만든다

만약 우리가 자신의 삶을 진짜로 바꾸고 싶다면 우선 문제를 있는 그대로 인식해야 한다. 자신의 진짜 문제를 알고 싶다면 의식의 방해를 받지 않는 게 좋다.

무의식은 이미 답을 알고 있다. 따라서 문제를 없던 것으로 만들고 합리화하는 게 아니라 있는 그대로 자각하도록 노력해야 한다.

돈벌이에 집착하는 사람이 있다고 가정해보자. 그 사람이 "어릴 때 가난해서 불안했다. 그래서 돈에 집착하게 되었다"라고 고백했다면 그는 '멋진' 사람이다.

결점이자 오점이고 드러내고 싶지 않은 어두운 과거를 솔직히 인정하는 사람은 적어도 정신적으로 안정되어 있고 자신을 긍정하고 있기 때문이다.

대다수의 사람들이 은폐해버리는 가장 마주하기 어려운 부분을 객관적으로 볼 수 있는 사람은 호감을 얻는다.

코미디언들이 자신의 외모나 성격적인 결점을 웃음으로 승화하는 걸 자주 볼 수 있다. 그들이 인기 있는 것은 자신의 결점을 잘 알고 있기에 상대에게 안심할 수 있는 여지를 주기 때문이다.

'우리는 나쁜 점을 필사적으로 감추려고 하지만 타인에게는 여실히 보인다'는 말이 있다.

사람들은 결점을 감추는 상대의 모습을 보면 '왠지 건드려서는 안 될 것 같다'며 멀어진다.

　　반대로 자신의 결점을 용서한 사람은 상대를 편안하게 해준다. '왠지 이 사람은 내 결점도 받아줄 것 같다'라고 안심이 되면서 그 곁에 있을 수 있는 것이다. 때문에 안정적인 인생을 살아가기 위해서는 자신이 가진 문제와 솔직히 맞서는 게 좋다.

좋은 질문이 좋은 인생을 만든다

차분해질 때까지
충분히 시간을
들인다

가쿠게이 대학 부속고등학교에 다닐 때의 일이다. 어느 날 미국에서 학교를 다니던 한 여학생이 전학을 왔다. 그런데 전학 온 지 이틀만에 우리를 향해 "이런 공부는 무의미해!"라고 외치고는 학교를 그만두었다.

남겨진 우리는 그저 멍하니 있을 수밖에 없었다. 갑작스럽게 벌어진 일인데다 그녀의 말이 무슨 뜻인지도 이해할 수 없었다.

우리가 하는 일을 무시당한 것 같아서 왠지 화가 나기도 했다. 하지만 마음 한편에서는 전학 온 다음 날 자퇴한 그녀의 행동에 불쾌한 감정을 넘어 패기가 느껴지기도 했다.

'저 행동은 대체 뭐지?'

'대체 미국에서는 어떤 교육을 받는 거야?'

'우리가 받고 있는 교육은 '안 된다'는 의미일까?'

그녀 덕분에 나는 우리의 교육에 대하여 진지하게 생각해보게 되었다.

만일 '우리를 부정하다니 너무해. 그녀가 틀린 거야!'라고 얼렁뚱 땅 현실을 합리화했다면, 나는 우리의 교육에 대하여 '질문'하고 '좀 더 잘하자'라는 생각도 하지 못했을 것이다.

물론 당시에는 그녀가 한 말을 이해하지 못했다. 미국에서 공부 했으니 우리의 상황을 객관적으로 바라볼 수 있었을 거라고 짐작했 을 뿐이다. 지금 와서 생각해보면 사람은 입시를 위한 편찻값 같은 것으로 측정할 수 없다고 일깨워준 게 아닌가 싶기도 하다.

중요한 것은 대개 곧바로 이해하지 못한다. 누군가가 정말로 중 요한 것을 가르쳐주어도 지금 자신의 생각과 다른 것을 받아들이기 는 쉽지 않기 때문이다. 또 머릿속에 다양한 체험이 축적되어 있지 않다면 그 의미를 분명히 이해할 수 없다. 이런저런 기억들이 서로 연결되고서야 겨우 그 의미를 이해할 수 있는 것이다.

하지만 지금 당장 이해할 수 없고 위화감이 느껴지는 말일수록

좋은 질문이 좋은 인생을 만든다

일단 판단을 멈추고 머릿속에 담아두려고 노력하는 게 낫다. 언젠가 이해되는 날이 올지도 모르고 설혹 이해하지 못한다 해도 그런 말일수록 우리를 더욱 성장시키기 때문이다.

마음에 걸리는 말. 거부하고 싶은 말.

그런 말들을 머릿속에 담아두고 가끔씩 다시 떠올려보라. 그것이 인생의 전환기나 지혜가 필요한 시기에 답이 되어주기도 한다.

뇌는 새로운 것에
곧 익숙해진다

결국 뇌가 왜 질문하는가 하면 '끝이 없기' 때문이다.

즐거운 일이 있으면 뇌에서는 도파민이라는 물질이 나오는데, 이것은 의외성이 있는 일을 경험할 때 더 많이 분비된다.

예컨대, 친구가 갖고 싶은 게 뭐냐고 묻고 나서 며칠 후 그 물건을 생일 선물로 받는다. 혹은 아무 내색도 없어서 '혹시 내 생일을 잊은 건가?' 싶었는데 생각지도 못한, 자신의 취향에 꼭 맞는 멋진 물건을 받는다. 둘 중 어느 쪽이 더 기쁠까?

대다수 사람들은 후자의 경우에 더 큰 기쁨을 느낄 것이다. 어떻게 될지 모르는 불확실성이나 새로움이 있을 때 더 많은 도파민이

좋은 질문이 좋은 인생을 만든다

분비되기 때문이다.

정해진 일을 정해진 순서대로 하면 안정감이 있다. 그러나 우리의 뇌는 의외성이 없으면 기뻐하지 않는다. 뇌는 새로운 바다에 나아가려고 하는 법이다.

흥미롭게도 뇌는 새로운 것에 곧 익숙해진다.

예컨대 아폴로 11호가 달 표면에 착륙한 1969년을 떠올려보자. 당시 전 세계가 "인류가 마침내 달 위에 섰다!"라며 열광했다. 7살이었던 나도 "엄청난 일이 일어났다!"며 그해에 출간된 학습만화 《여기는 아폴로》를 사볼 만큼 완전히 빠져 있었다.

그런데 아폴로 12호, 13호를 연달아 쏘아 올리는 동안 사람들은 차차 흥미를 잃어갔다. "아폴로 같은 걸 우주로 쏘아 올리느니 지구에서 해야 할 일을 하는 게 낫다"라고 말하는 어른들도 생겼다.

새로운 것이 순식간에 '일상'적인 게 되어버리는 게 어린 내 마음에도 대단히 충격이었다.

아무리 새로운 것일지라도 곧 진부해지고 만다. 우리는 '다음은 뭐야?'라고 질문하며 끊임없이 새로움을 찾아 움직인다. 결국 끝은 없다.

내가 존경해 마지않는 소설가 나쓰메 소세키는 생전에 단 한 편도 비슷한 소설을 쓰지 않았다. 그가 발표한 작품마다 베스트셀러가 되었는데 모두 설정이 다르다.

《도련님》으로 인기를 얻었다고 하여 결코 《도련님 2》를 쓰지 않았고, 《나는 고양이로소이다》에 이어 《나는 개로소이다》라는 소설을 쓰지도 않았다.

나쓰메 소세키는 늘 새로운 것에 도전했으며 끊임없이 이동했다. 본래 뇌가 가장 원하는 질문은 이런 것이다.

'다음에는 어떤 도전을 할까?'

뇌의 강화학습을
이용한다

뇌는 의외성이 없으면 기뻐하지 않는다. 그렇다면 뇌가 가장 큰 기쁨을 느끼는 때는 언제일까?

그것은 자신이 절대 불가능하다고 생각했던 일을 해낼 때다.

어떤 행동을 해서 쾌락을 담당하는 도파민이 분비되면 뇌는 그 행동을 '좀 더 해보자'라고 생각한다.

　①맥주를 마신다.

　②맥주 맛이 좋다(결국 도파민이 분비된다).

　③좀 더 맥주가 마시고 싶다.

이런 경우도 있다.

①어떤 사람과 만난다.
②매우 즐겁다(결국 도파민이 분비된다).
③그 사람과 좀 더 만나고 싶다.

이처럼 즐거웠던 일이 다시 해보고 싶어지는 성질을 '강화학습'이라고 부른다.

도파민은 의외성이 있을 때 분비되기 때문에 ①과 ②의 차이가 크게 벌어질수록 더 많은 양이 분비되고 '다시 하자' '더 잘하자'라는 욕구가 커진다.
공부를 할 때도 이 성질을 이용한다.

①평소에 질색하는 수학과 영어를 공부했다.
②그럭저럭 잘했다(예상치 못한 결과로 다량의 도파민이 분비된다).
③영어와 수학을 좀 더 공부해보고 싶다.

잘할 거라고 예상한 일을 하는 게 아니라 자신에게 조금 어려운, 잘할 수 있을지 없을지 알 수 없는 일, 새로운 일에 도전하여 결과가 좋으면 뇌의 강화학습이 일어나고 그 일을 더 하고 싶어진다. 누구나 마찬가지다.

말을 더듬고 사람들 앞에서 말하는 게 서툴렀던 소년이 있었다. 그런데 이 소년이 때마침 학급 발표시간에 용기를 내어 발표를 했는데 예상외로 반응이 좋았다. 이 일을 계기로 소년은 더 열심히 해보기로 마음먹고 결국 만담가가 되었다는 이야기를 들었다.

처음에는 서툴기만 했던 어떤 일이 자신의 특기가 되어버리는 일은 흔히 볼 수 있다.

성공 확률이 제로라면 도파민은 분비되기 어렵다. 하지만 스스로 해낼 수 있을지 없을지 확신할 수 없는 부분을 찾아내어 '이것을 해보자'며 새로운 일에 도전해본다. 자신이 잘할 것 같은 일을 냉철히 파악하고 조금만 노력을 기울이면 어느 사이엔가 지금껏 경험해보지 못한 새로운 바다로 나아갈 수 있다.

행동의 레퍼토리를 쌓는다

단, 열중하는 것이 있어도 우리가 한 가지 일에만 몰입하면 뇌는 멈추는 성질이 있다.

일도 공부도 멈추면 다음으로 옮겨간다.

'오늘은 이 정도로 충분하다'고 생각했다면 그대로 잠자리에 들자. 산책하며 잠시 머리를 식히는 것도 좋다. 어쨌든 행동의 레퍼토리를 늘리자.

업무상 읽어야 할 책이 있다고 가정해보자.

내용의 난이도나 책을 읽을 때의 피로감, 기분 같은 다양한 원인에 의해 도무지 책장이 넘어가지 않을 때가 있다.

"꼭 읽어야 하는데 어쩌면 좋지?"

이 질문에 대한 답은 간단하다.

모든 행동을 멈추기보다는 일단 다른 일을 해본다. 다른 책을 읽거나 다른 일을 시작한다, 혹은 영화를 보러 가거나 그림을 그린다. 다른 일을 해보면 자신의 세계가 확대되고 기분전환도 된다. 이렇게 하나씩 일을 진행하면서 행동이 멈추지 않도록 한다.

'이것만큼은 반드시 해야 한다.'

이런 생각에 빠져 지치고 옴짝달싹하지 못하게 되면 '아아, 못하겠어. 나란 인간은 정말 한심해'라며 안절부절못하는 상태가 된다. 정말이지 안타까운 일이다. 그런 상태라면 아예 쉬거나 다른 일을 찾아본다.

한 가지 행동을 멈췄다 해도 그건 수많은 행동 중 하나가 멈춘 것일 뿐이다. '디저트가 들어갈 배는 따로 있다'는 말처럼 식사가 싫더라도 디저트라면 얼마든지 먹을 수 있는 법이다.

'다음에는 무엇을 할까?'

좋은 질문이 좋은 인생을 만든다

이런 질문을 하고 다른 행동으로 바꿔본다. 이런저런 일을 해봤다면 다시 본래의 과제로 돌아와 힘을 쏟는다.

'멈추는' 것은 한 가지 일에 지나치게 몰입한 나머지 머릿속에 담긴 여러 가지 일들을 정리하고 싶어 하는 '머리의 욕구'라 할 수 있다.

창조성을 높이는
뇌의 배치 처리

'낮에 아무리 열심히 생각해도 풀리지 않던 문제가 자고 일어났더니 풀렸다.'

'어찌해야 좋을지 몰라 꽉 막힌 상태에서 샤워를 했더니 생각지도 못한 아이디어가 번뜩 떠올랐다.'

이처럼 거짓말 같은 이야기가 정말로 있다.

수학자 앙리 푸앵카레Henri Poincaré는 마차에 발을 얹은 순간에 오랫동안 고민하던 문제가 풀렸다고 한다. 또 화학자 아우구스트 케쿨레August Kekulé는 꿈에서 뱀이 자신의 꼬리를 물고 빙글빙글 도는 모습을 보고 벤젠고리(6개의 탄소 원소로 이뤄진 환상의 화합물)를 떠올렸다.

이처럼 긴장을 풀고 그저 무의식에 맡겼더니 놀라운 아이디어를 얻었다는 예는 많다. '일단 자고 생각하라Sleep on it'는 속담도 있지 않은가.

뇌 속에는 디폴트 모드 네트워크Default Mode Network라는 회로가 있다. 이 회로는 집중해서 일하거나 공부할 때보다 긴장을 풀고 있거나 아무것도 안 하고 있을 때 더 활발해진다.

하지만 대다수 사람들은 '무엇인가를 하지 않으면 뇌는 일하지 않는다. 집중하면 할수록 더 잘할 수 있다'고 오해하고 있다.

물론 집중할 때 움직이는 회로도 있다. 그러나 반대로 아무 일도 안 하고 있을 때 비로소 움직이는 회로도 있다.

집중과 이완을 반복한다

우리가 아무것도 안 하고 있을 때, 뇌는 무엇을 하고 있는 것일까? 그럴 때 뇌는 우리가 집중해서 했던 것을 그 이전의 기억과 연결 짓고 정리한다.

따라서 잠도 자지 않고 공부하거나 쉬지도 않고 일하면 계속 머릿속에 정보만 쌓일 뿐 그것들이 보다 쉽게 꺼낼 수 있는 형태로 정리되지 못한다.

밖에서 산책하거나 욕조에 몸을 담그거나 잠자고 있을 때 기억이 정리되고 문제해결의 단서가 보인다. 어떤 문제에 대해 나름대로 철저히 생각했다면 이후에는 긴장을 풀고 모든 걸 뇌에 맡기는 게 좋다.

컴퓨터 용어로는 이것을 배치 처리라고 한다.

낮에 오랜 시간 집중해서 '이것에 대한 답을 원한다!'라고 뇌에 던져두면 우리가 잠든 사이 무의식중에 정보가 정리되고 원했던 답이 툭 튀어나온다.

좋은 아이디어는 집중과 이완을 반복할 때 얻을 수 있기 때문에 집중한 후에는 적극적으로 쉬는 게 좋다. 무의식을 얕잡아봐서는 안 된다.

의식만으로 문제를 해결하려고 하면 어떻게 될까? 그 극단의 사례를 살펴보자.

누구나 수업 중에 선생님의 질문을 받고 머릿속이 새하얘진 경험이 한번 쯤은 있을 것이다.

답을 알고 있는데도 입이 떨어지지 않거나 특별히 대답하지 못할 어려운 질문도 아닌데 순간 머릿속 생각이 멈춘다. 반드시 답해야한다고 지나치게 의식한 나머지 뇌가 무의식적으로 방해받는 것이다.

좋은 질문을 하고 좋은 답을 이끌어내기 위해서는 무의식을 존

좋은 질문이 좋은 인생을 만든다

중하는 게 중요한데, 그만큼 집중과 이완을 조절하는 건 어려운 일이다.

5장.

질문력을
더욱 끌어올리는
8가지 행동

질문력은
하루아침에
만들어지지 않는다

스스로 문제를 해결하기 위한 '핵심이 되는 질문'을 던질 수 있게 되면 업무에서는 원하는 결과를 얻을 수 있고 개인 생활에도 보다 충실할 수 있다.

4장에서는 문제를 발견하는 데 뇌가 어떻게 관여하는지에 대하여 이야기했다. 질문은 뇌의 가능성을 이끌어내는 힘을 가지고 있다.

이번 장에서는 앞장에서 이야기했던 뇌 기능을 근거로 하여 좋은 질문을 할 수 있는 8가지 구체적인 행동에 대하여 소개한다.

지금 당장 실행에 옮길 수 있는 것들로, 이 중에서 자신에게 적합

좋은 질문이 좋은 인생을 만든다

해 보이는 것이 있다면 오늘부터 당장 시작해보자. 만일 맞는 게 없다면 자신에게 맞게 변형시켜도 좋다.

물론 바로 효과를 볼 수 있는 것은 아니지만 꾸준히 하다보면 예전이라면 생각지도 못했을 질문이 번뜩 떠오르거나 입 밖으로 툭 튀어나오는 날이 있을 것이다. 좋은 질문은 하루아침에 만들어지는 게 아니지만 머릿속에 있는 알쏭달쏭하고 애매한 문제는 언젠가는 반드시 해결된다.

질문력을 높이는 행동 ①
차를 마신다

매일 정해진 시간에 긴장을 풀고 사람들과 잡담을 나누는 티타임을 가지는 것은 질문력을 높이는 데 매우 효과적이다.

내가 유학했던 케임브리지 대학에서는 매일 오전 10시 30분과 오후 3시에 두 차례 티타임을 가졌다.

차를 마시는 방이 따로 있어서 정해진 시간에 그곳으로 가면 과자와 함께 자유롭게 차를 마실 수 있었다.

물론 꼭 그래야 하는 건 아니었지만 시간이 되는 사람은 꼭 티타임에 참석했다. 매번 만나는 사람은 달랐는데, 학부나 학과와 무관하게 각자의 연구실에 틀어박혀 좀처럼 만날 수 없었던 사람들이 모

좋은 질문이 좋은 인생을 만든다

여 앉아 차를 마시면서 대화를 나누곤 했다.

프란시스 크릭Francis Crick과 함께 노벨상(생리학·의학상)을 수상한
과학자 제임스 왓슨James Watson도 그의 저서 《이중나선》에서 티타임
에 우연히 만난 다른 분야의 사람과 정보를 교환하다 DNA의 구조
를 푸는 열쇠를 얻었다고 말했다.

각각의 분야에는 암암리에 '상식'이라는 것이 있어 전문가들은
좀처럼 거기서 벗어나기 어렵다.

'이렇게 생각하는데, 당신은 어떻게 생각하는가?'

'이런 식의 시점도 있다는 걸 알았다.'

이처럼 다른 분야의 사람과 이야기를 나누다보면 전혀 다른 시
점을 알게 되기도 한다.

또 주변 사람들은 대개 나와 비슷한 정보를 가지고 있는데 반해
멀리 있는 사람들은 생각지도 못한 정보를 가져다주기도 한다. 보통
은 주변 사람들과 이야기를 나누는 게 '힌트를 얻기 쉬울 것'이라고
생각하지만, 과학적으로는 반대의 경우에 문제가 해결되는 경우가
많다.

그래서 서양의 여러 대학에서는 매일 티타임 시간을 정하고 누
구든지 참석할 수 있는 장소를 마련하고 있다.

그런데 일본에서는 이런 것을 그리 중요하게 생각하지 않는다.

회사, 학교, 가정에서 매일 정해진 시간에 사람들이 모여 긴장을 풀고 대화를 나누는 시간이 있는가?

문학하는 사람은 문학만을, 공부할 때는 공부만을, 그리고 일할 때는 오로지 일에만 집중하고 있지는 않나? 그런데 얼핏 낭비처럼 보이는 티타임을 가지고 느긋하게 잡담함으로써 옴짝달싹 못하는 현재의 상황이 해결되기도 한다.

'1주일에 한 번 정례회의를 하자'며 모두 모여 토론을 벌이는 것과 '아무것도 결정하지 않고 느긋하게 차를 마시는' 얼핏 낭비처럼 보이는 시간을 보내는 것. 어느 쪽이 아이디어를 떠올리기에 더 효과적일지는 모를 일이다.

좋은 질문이 좋은 인생을 만든다

사고를 아웃풋한다

관찰능력을 높이기 위하여 무엇이든 아웃풋해보자. 나는 구마모토현의 인기 캐릭터 '쿠마몬'처럼 후덕한 체형이라서 '어떻게 하면 날씬해질까?'를 고민하면서 매일 체중을 기록하고 있다.

매일 달리기를 하고 난 후에도 기록을 하는데, 그것을 보면 꽤 장거리를 달려도 체중이 줄지 않는 날이 있다.

결국 '살을 빼기 위해서는 어떻게 하는 게 좋은가?'라는 질문에 '좀 더 달리면 되지 않을까?'라는 건 적합하지 않다는 걸 알게 되었다.

그렇다면 적게 먹거나 굶는 게 좋을까?

그렇지는 않다. 굶으면 잠시 살이 빠지기는 하지만 나중에 요요

현상이 찾아와 원래 상태로 되돌아온다.

아직은 살 빼는 문제에 대한 관찰이 충분치 않아서 좋은 질문을 내놓지 못하고 있다. 뚱뚱한 체형에서 벗어나는 그날이 멀게만 느껴지지만, 매일 체중을 측정하고 데이터화하다 보면 언젠가는 힌트를 얻게 될 것이라고 확신한다.

문득 떠올린 생각들을 기록으로 남기는 것도 좋다. 기록해두면 나중에 몇 번이라도 확실히 확인할 수 있기 때문이다.

나는 젊은 시절에 엄청난 양의 문장을 썼다. 물론 누군가에게 보여주기 위해 그랬던 것은 아니다.

무언가 마음에 걸리는 것이 있으면 '밖으로 꺼내보는' 것이 중요한데, 이를 통해 그 일을 객관적으로 바라볼 수 있기 때문이다. 그래서 나는 타인에게 보여줄 수 없는 사소한 것일지라도 거리낌 없이 썼다. 그런 후에 그것을 읽어보고 정말로 사소한 것인지를 확인했다. 이렇게 글자로 기록하면 자신이 어떤 것에 마음이 움직이는지를 알 수 있다.

자신이 생각하는 걸 솔직하게 글로 써보지 않으면 문제가 애매한 상태에 머물러 더는 해결책을 생각할 수 없게 된다. 진실이라는 건 때때로 잔혹하여 밖으로 끄집어내지 않는 게 좋을 때도 있지만, 그렇다고 해서 지나치게 타인을 의식하다보면 나만의 생각을 할 수

좋은 질문이 좋은 인생을 만든다

없게 된다. 그래서 나는 비밀노트에 내 생각을 허심탄회하게 기록하는 작업을 해온 것이다.

누군가에게 내 생각을 이야기해보는 것도 좋다. 친구와 대화를 나누다 상대의 말에 답하려고 어떤 말을 하고서야 '어? 내가 이런 말을 했네!'라며 화들짝 놀란 적은 없는가?

타인을 이해시키려는 의도를 갖고 말을 하면 뇌에서 생각이 정리되어 쉽게 답하게 된다는 사실은 잘 알려져 있다. 답을 하려면 어떻게든 머릿속 생각을 정리해야 하고, 그 과정에서 간단히 답이 보이는 것이다. 말한 뒤에야 '나는 이런 걸 생각했었구나' 하고 뒤늦게 깨닫는 일도 있다. 즉, 말로 끄집어내기 전에는 말랑말랑 두부 같던 상태가 일단 꺼낸 뒤에는 단단해진다. 그래서 그 변화에 스스로 놀라기도 한다.

문제는 알고서 말한 게 아니라 '입 밖으로 꺼내고서야 비로소 보인다'는 데 있다. 이처럼 마음속으로 생각하고 있는 것을 일단 꺼내지 않으면 자기 자신과 대화할 수 없다.

반복한다

2016년 구글이 개발한 인공지능 알파고가 바둑으로 세계 챔피언을 이겼다. 그렇다고 해서 알파고가 인간의 지성을 뛰어넘은 것은 아니다. 알파고는 너무 단순해서 그저 인간의 뇌 학습규칙을 그대로 받아들여 철저히 실행할 따름이다. 예컨대 '성공하면 보수를 받고 그 회로를 강화한다' '실패했다면 목표에서 얼마나 어긋나는지, 그 오차를 알려주고 줄인다'라는 강화학습이라든가 '가능한 한 우수한 많은 기보棋譜를 기억하고 패턴을 추출한다'라는 패턴학습을 실행하고 있는 것이다.

그런데 모순적이게도 인간은 자신들이 만든 그 법칙을 철저히 실행하지 않기 때문에 패배한다.

인공지능은 얼핏 끝을 알 수 없는 놀라운 능력을 지닌 것처럼 보인다. 하지만 실제로는 인간의 학습규칙에 따라 차근차근 바둑을 둘 뿐이다.

인간은 지치거나 질려서 도중에 공부를 그만두기도 하지만 인공지능은 다르다. 지치지도 않고 계속 일하고 몇 천, 몇 만 개의 기보를 기억하며, 실패로 충격을 받아 그만 두는 일도 없다. 게다가 만약 실패했다 해도 '어디가 문제였을까?' 하고 성공에서 어긋난 부분을 찾아내어 몇 번이고 다시 한다.

'카이젠KAIZEN(개선)'은 현재 전 세계에 널리 알려진 말이다. 원래는 도요타 자동차의 생산 현장에서 더 좋은 차를 만들기 위해 공정을 되돌아보고 진행하자는 운동을 일컫던 말이다. 이 운동으로 도요타는 더 나은 품질의 보다 저렴한 자동차를 만들 수 있었다.

그들은 생산 현장에서 개선해야 할 포인트를 찾아내기 위해 '왜?'라는 질문을 다섯 번 반복하여 물었다. 문제를 발견하고 다섯 번쯤 '왜?'라고 묻지 않으면 진짜 원인을 밝혀낼 수 없다고 생각했던 것이다.

예컨대 다른 생산라인은 한 달에 한 번밖에 멈추지 않는데 어느

곳이 수차례 멈췄다면,

'왜 이 생산라인만 자주 멈추는가?'라고 물었다.

첫 질문은 여기서 시작한다. 하지만 이 첫 번째 질문으로 진짜 원인에 이르는 건 아니다. 인재를 적절히 지원하지 못했다, 차종이 달라 원활한 진행이 이루어지지 못했다 등등 원인은 여러 가지일 것이다.

때로는 단 한 번의 질문으로 진짜 원인을 찾기도 하지만, 대부분의 경우는 '왜?'라고 다섯 번을 반복해서 묻는 동안 서서히 진짜 원인이 보인다.

흔히 집요한 성격은 나쁘다는 인식이 있지만 사실 그것은 두뇌가 명석하다는 뜻으로도 볼 수 있다. 포기하지 않고 몇 번이고 '왜?'라고 철저하게 질문함으로써 우리는 착실히 앞으로 나갈 수 있기 때문이다.

좋은 질문이 좋은 인생을 만든다

질문력을 높이는 행동④

솔직해진다

인간은 자신의 감정을 근거로 현실을 바라본다. 2장에서도 말했듯이 자신이 가진 편견을 인정하지 않고 정당화하기만 하면 본인에게 유리한 것만 인식하게 된다. 자신에게 본질을 묻지 않은 채 그대로 일생을 마친다면 그건 너무나도 안타까운 일이다.

놀랍게도 물리학의 천재 알베르트 아인슈타인은 젊은 시절에 이미 자신이 수학에 재능이 없다는 걸 알았다고 한다. 그는 이렇게 말하기도 했다.

"나는 순수 수학을 하고 있으면 여러 개의 짚더미 중 어디로 가면 좋을지 모르는 당나귀처럼 되어버린다."

세계를 180도 뒤바꾸어 놓은, 1905년에 발표한 특수 상대성이론에 관한 논문과 1916년에 발표한 일반 상대성이론에 관한 논문에서도 그는 고도의 수학을 사용했다. 그래서 엄청난 어려움을 겪었다고 한다.

아인슈타인의 뛰어난 점은 고도의 수학을 사용하여 물리법칙을 보여준 것이 아니라 다음과 같은 어린애 같은 질문을 할 수 있었던 데 있다.

'빛을 빛의 속도로 쫓으면 어떻게 될까?'

'중력은 일정하게 가속하는 엘리베이터와 같은 게 아닐까?'

이런 상상을 할 수 있다는 게 아인슈타인의 놀라운 점이다.

아인슈타인은 보통 물리학자들이 가는 길과는 다른 길을 걸었다. 어린 시절부터 낙제를 거듭했고, 간신히 대학에는 들어갔지만 능력 부족에 잘 적응하지 못한다는 이유로 대학에 남아서 더는 연구를 이어갈 수 없었다. 결국 그는 대학을 떠나 특허청에 취직했고, 그곳에서 일하면서 세상을 뒤바꿀 특수 상대성이론을 발표했다.

만일 '수학에 서툴다'는 걸 인정하지 않고 억지로 수학 능력을 키워가면서 다른 사람과 같은 곳에서 분발하려고 했다면 그의 재능은 짓이겨지고 말았을 것이다.

그는 자신의 능력을 직시했다. 그리고 자신이 할 수 없는 것은 과

좋은 질문이 좋은 인생을 만든다

감하게 그만두고 잘하는 부분은 절대 포기하지 않았다.

우리는 자신이 잘하지 못하거나 부족한 부분에 대하여 솔직하게 인지함으로써 독창적인 인간이 될 수 있다.

자신이 가진 결점과 장점을 애매하게 놓아둔 상태로 다른 사람들과 비슷하게 살아가는 대신 자신에게 좀 더 솔직하고 집요하게 질문한다. 그러면 자기 안에 있는 문제가 분명해지고 나다운 인생을 살아가기 위해 더욱 노력할 수 있다.

질문력을 높이는 행동 ⑤

결점을
지적한다

2015년에 〈나를 미치게 하는 여자Trainwreck〉라는 영화가 개봉했다. 이 영화에는 뉴욕의 잡지사에서 일하는 여성 편집자가 등장하는데, 그녀는 지나치리만큼 솔직하고 거침없이 행동하는데다 오로지 본질만을 추구한다.

예를 들어 직원이 가져온 기사의 아이디어가 괜찮으면 한번 말해보라며 기회를 주지만, 마음에 들지 않으면 상대의 감정 따위는 일절 배려하지 않고 '아니야. 다음!'이라며 주저하지 않고 잘라버린다. 또 좋은 아이디어를 내는 기자에게는 '이번에는 당신이 써봐' 하고 공평하게 기회를 주지만, 기사가 만족스럽지 못하면 '이게 뭐지?

좋은 질문이 좋은 인생을 만든다

취재 대상이 전혀 섹시하지 않잖아!'라며 단박에 비판한다.

즉시 판단하고 결단한다. 그리고 완성된 기사에 대해서도 일절 타협하지 않는다. 이런 성격 덕에 그녀가 만드는 잡지는 최고의 위치를 유지할 수 있었다.

우리에게는 보편적으로 인정되는 온정이나 예의라는 게 있다. 그래서인지 문제가 있어도 날 선 비판이나 날카로운 지적을 하기보다는 좋은 게 좋은 거라는 식으로 부드럽게 넘어가려는 경향이 있다. 하지만 솔직하게 비판하고 지적하지 못하면 실리를 살리지 못한다.

따라서 자신의 문제를 냉철히 판단하기 위해서는 가차 없이 실질을 추구할 필요가 있다.

가톨릭교회에서는 그리스도의 가르침에 따라 충실히 살았던 사람들을 성자로서 인정하고 숭배한다. 그런데 그들을 성자로 인정할 것인지를 판단하는 사람 중에 '악마의 대변자'라 불리는 사람들이 있다. 그들은 성자로 추앙되는 사람이 생전에 저지른 나쁜 짓이나 결점을 지적하는 역할을 맡았는데, 그들이 있었기에 후보자들이 정말로 성인과 견줄 만한 인물인지를 판단할 수 있었다. 얼핏 혹독해 보이는 과정이지만, 이렇게 잘못된 점을 분명히 드러냄으로써 성인으로 추대되는 사람들의 수준을 유지할 수 있었다고 한다.

어떤 아이디어든 그다지 좋지 않거나 안이한 부분이 발견되었을 때 그것을 냉정하게 지적해야 더 나아질 수 있다.

악마의 대변자의 목적도 철저하게 부정하는 과정을 통해 더 나은 것을 만드는 데 있다.

따라서 스스로 자신의 아이디어에 대한 악마의 대변자가 되도록 노력함으로써 좋은 질문, 좋은 답을 이끌어낼 수 있을 것이다.

좋은 질문이 좋은 인생을 만든다

질문력을 높이는 행동⑥

마감시한을
정한다

'이번 여행은 어디로 갈까?'

매우 좋은 질문이다.

'다음에는 어떤 책을 읽을까?' '다음에는 누굴 만날까?'

우리는 마치 밤낮없이 쉬지 않고 헤엄치는 참치처럼 늘 '다음에는 무엇을 할까?'를 생각하면서 산다. 물론 업무상 어쩔 수 없이 타인의 결정을 따라야 할 때도 있지만, 그 외에는 자신이 할 일은 스스로 정한다.

여기서 중요한 점은 스스로 자신의 마감시한을 정하는 것이다.

많은 사람들이 업무 마감은 외부에서 정하는 것이라고 생각한다. 그러나 사실은 스스로 하는 것이 맞다.

비록 타인이 정한 기한이 있더라도 '이 일은 오늘 아침 10시까지 끝낸다' 'ㅇ월 ㅇ일까지 이 프로젝트를 마친다'라고 스스로 마감을 정하는 것이다.

그럴 수 있다면 우리의 인생은 180도 달라질 것이다.

타인이 '언제까지 이 일을 하라'고 지정했어도 '그 전날에 끝낸다'라고 스스로 마감을 정한다. 그러면 비록 억지로 떠맡은 일이라도 자신의 동기로 바뀐다.

그리고 일을 빨리 끝내고 난 후에는 '다음에는 무엇을 할까?' 궁리하며 여유로운 자기만의 시간을 갖는다.

자신이 마감을 정하면 그만큼 주체적으로 인생을 살 수 있기에 당연히 즐겁다. 마감 후에 특별한 일을 하지 않아도 좋다. 스스로 결정하고 행동함으로써 수동적인 인생을 산다는 느낌을 지우는 게 중요하다.

외부에서 주문받은 것만 만든다는 건 시장에 편승한다는 뜻이다. 그렇게 살아가면 점차 소모되어갈 따름이다. 또 때로는 자신이 진심으로 하고자 하는 일이 시장에 맞지 않을 수도 있다.

좋은 질문이 좋은 인생을 만든다

자신이 원하는 일을 하는 것은 '나는 무엇을 중시하는 사람인지'를 스스로 묻는 일이다.

따라서 세상이 아닌 자신에게만 필요한 것일지라도 하고 싶은 것은 해야 한다.

아무리 바빠도 매일 10분씩이라도 자신이 원하는 것을 해나간다면 세상에 맞추느라 소모되고 있다는 느낌은 훨씬 줄어들 것이다.

무리한 요구를
한다

'영어를 잘하고 싶다.'

대부분의 학생들이 이런 생각을 하면서도 교과서 내용만 공부하
거나 시험 점수에만 신경을 쓴다(시험에서 좋은 점수를 받았다 해도 영어
를 잘할 수 없는 건 분명하다!).

노력하고 있는데도 전혀 나아지지 않는다면 당연히 '뭔가 다른
방법이 있지 않을까?'라고 물어야 한다.

어떤 노력을 해야 할지 깨닫기 위해서는 자신에게 '무리한 요구'
를 해보는 것이 좋다.

나는 중고등학교로 강연하러 가면 학생들에게 이런 요구를 하곤 한다.

"여기에 자기가 영어를 잘 못한다고 생각하는 사람, 있나요?"

"자, 거기 있는 학생, 단상 위로 올라와봐요."

"지금부터 1분을 잴 테니 영어로 자기소개를 해보세요."

그러면 단상에 올라온 학생은 매우 곤란해 하면서도 많은 사람들이 지켜보는 가운데 서툰 영어로 어떻게든 자기소개를 한다.

평생 사람들 앞에서 영어로 말할 일은 없을 거라고 생각했겠지만 막상 해보라고 하면 학생들은 너무도 간단히 그 장애물을 뛰어넘는다.

처음에는 이름과 관심 있는 것들을 말하는 게 고작이다. 그러나 처음 하는 영어 스피치이기 때문에 그 정도로도 충분하다.

발표가 끝난 뒤에는 학생들에게 매일 1분씩 혼자서 영어 스피치를 해보라고 권한다. 이렇게 매일 영어로 말하려면 늘 새로운 화제를 찾아내지 않으면 안 된다.

'오늘은 무슨 주제로 스피치를 해볼까?'

'다음에는 무엇을 말해볼까?'

'이건 영어로 뭐라고 하는 걸까?'

'영어를 더 잘 하려면 어떻게 하면 좋을까?'

영어 스피치 연습을 하는 동안 이렇게 스스로 개선할 점을 고민하고, 영어를 잘하기 위한 이런저런 방법을 찾는다. 잘 몰랐던 단어나 문장을 사전으로 찾아보거나 미국 드라마를 보면서 실제 미국인들은 어떤 말투를 쓰는지 알아보기도 한다. 지금은 영어 자막으로 볼 수 있는 온라인 콘텐츠도 많고 인터넷으로도 얼마든지 유용한 정보를 찾을 수 있다.

이렇게 매일 1분씩 꾸준히 영어 스피치를 하는 동안 영어로 말하는 체험이 착실하게 쌓여간다. '매일 1분간 영어 스피치를 한다'라는 무리한 과제를 자신에게 던짐으로써 어느 사이엔가 영어를 말할 수 있게 되는 것이다.

처음에는 어쩌면 무리한 요구였을지도 모른다. 하지만 무엇이든 그렇게 해보겠다고 결심하는 게 중요하다.

그렇게 결심한 다음 계획을 실천하면서 그 결과를 확인하고, 다음에는 어떻게 하면 좋을지 자기만의 방법을 찾아나가면 불가능해 보이는 일도 결국에는 해낼 수 있다.

질문력을 높이는 행동 ⑧

예술을
감상한다

지금까지 문제를 해결하기 위해서는 어떻게 하면 좋은지에 대해 알아보았다. 하지만 인생에는 절대로 풀리지 않는 문제도 있다. 예컨대 '나이듦' 같은 것이 그렇다. 그런데 모순적이게도 어찌해볼 도리가 없는 이런 문제일수록 인간은 더욱 고민한다.

절대로 풀 수 없는 인생의 문제와 맞서기 위해서 필요한 것이 바로 예술 감상이다.

리하르트 슈트라우스가 작곡한 오페라 〈장미의 기사〉는 낭만적인 제목이지만, 결국은 '나이듦'에 대해 그린 작품이다.

이 오페라에는 미혼의 젊은 귀족 남성과 연상의 기혼 여성이 등장한다. 둘은 연인 사이로, 젊은 남성이 지적이고 차분한 연상의 여성에게 매료당하는 장면에서 오페라는 시작한다.

여성의 남편은 일로 자주 집을 비우고 아내에게 자상하지도 않다. 그래서 그녀에게는 늘 곁에 있어주는 정열적인 젊은 연인의 존재가 소중하다. 그러나 둘 사이의 나이차와 유부녀라는 자신의 처지로 인해 '언젠가는 연인이 자신의 곁을 떠날 것'이라는 생각을 떨치지 못한다.

'젊고 열정적인 그는 지식에 대한 목마름으로 연상인 나를 매력적으로 느낄 뿐이다.'

'시간이 지날수록 나는 더 늙고 그는 더 현명해질테니 결국에는 자신에게 어울리는 젊은 여성을 찾게 되리라.'

세상에는 그녀처럼 생각하며 고민하는 사람이 많다.

결국 고민 끝에 그녀는 마음속 아픔을 숨기고 그를 젊은 여성에게 떠나보내려고 한다. 동년배답게 그 둘은 말이 잘 통하고, 사정을 모르는 남성은 무신경하게 "젊음이 좋군요"라고 말한다. 연상의 여인은 그저 고개를 끄덕이며 홀가분하게 연인의 곁을 떠난다.

만약 나이듦이라는 문제를 '해결'하려고 했다면 다시 젊어지는

좋은 질문이 좋은 인생을 만든다

약이나 노화를 멈출 수 있는 비싼 화장품을 찾는 방법을 선택했을테지만, 그녀가 마주한 건 그런 문제가 아니다.

이처럼 도저히 어찌할 도리가 없는 아픔을 어떻게 받아들이는지를 그리는 것이 예술이다. 누구나 언젠가는 마주하게 되는 나이듦을 먼저 경험하고 있는 등장인물을 통해 관객들은 교훈을 얻고 치유 받는다.

우리는 예술을 감상하면서 '저 사람은 저 상황에서 왜 저랬을까?' 하고 상황을 간접체험해볼 수 있다.

러시아의 문호 도스토옙스키의 소설 《죄와 벌》에서 주인공은 망상에 사로잡혀 살인을 계획하고 실제로 저지르고 만다.

나는 몇 번이나 이 작품을 읽으면서 '어쩌면 주인공은 그저 궁지에 몰려 있었던 게 아닐까?' '살인은 절대 해서는 안 되지만 원하지 않아도 그런 상황에 내몰리게 되는 경우도 있지 않을까?'라는 생각을 했다.

'어떤 사정으로 인해 전혀 원하지 않던 상황이 되어버린다면 어떻게 하면 좋을까?'

《죄와 벌》에는 이런 문제의식이 담겨 있다.

즉, '어떻게 증거를 없앨까?' 혹은 '타임머신을 타고 가서 과거를 바꿀 수 있을까?'라고 문제의 해결책을 구하는 것이 아니라 '어떻게 이런 상황을 받아들일까?'라는 질문을 통해 한 인간이 살아가는 모습을 엿볼 수 있는 것이다.

자신에게 절대 일어날 것 같지 않은 일일지라도 우리는 예술작품을 읽고 보고 들음으로써 다양한 상황을 간접체험해볼 수 있다. 그리고 이런 체험은 실제로 그런 일이 일어날 것 같을 때 마치 백신처럼 우리에게 힘이 되어준다. 따라서 진짜로 인생에 어려움을 겪고 있을 때는 예술과 접촉하기를 권한다.

6장.

일상생활에서
활용하는
질문의 기술

어떤 질문을 하면
좋을까?

5장에서는 일상생활에 어떤 행동을 도입하면 좋은 질문을 할 수 있는지에 대하여 알아보았다. 이번 장에서는 애매하고 불편한 마음을 해결하기 위해서는 어떤 질문을 하는 게 좋을지 살펴보자.

질문을 하는 상황은 다양하고 사람마다 갖고 있는 의구심도 제각기 다르다.

모든 사람들에게 효과적인 질문이란 건 없겠지만 그래도 다수에게 통용되는 건 있다. 일에 대한 것이든 개인적인 문제이든 사람들이 많이 묻는 질문들을 모아보았다.

좋은 질문이 좋은 인생을 만든다

질문하지 않는 사고 정지 상태에서 벗어나 마음속 애매한 의구심을 해소하는 힌트가 되기를 바란다.

세계무대에서 활약하는
사람이 되기 위해
필요한 질문

국내를 벗어나 세계무대에서 활약하고 싶다!

그러려면 어떻게 하면 좋을까? 이런 질문을 하는 사람들이 많다.

세계무대에서 활약하기 위해서는 영어 외에도 가고자 하는 나라의 언어를 익혀야 한다. 그밖에 세계 공통의 감각을 익혀야 하는데, 세계 여러 나라에서 온 사람들과 어울리다보면 문화적 차이로 나도 모르게 상대에게 모욕이나 차별이 되는 말과 행동을 할 수 있기 때문이다. 따라서 세계 각지에서 온 사람들과 함께 일할 때 절대 해서는 안 되는 말과 행동은 무엇인지 확실히 익혀야 한다.

또 지금 전 세계적으로 관심을 끌고 있는 주제에 대해서도 파악해야 하는데, 그러기 위해서는 영어로 방송되는 국제뉴스를 매일 살펴보는 게 좋다.

그러나 이것만으로 국제적으로 활약하는 사람이 될 수 있는 것은 아니다. 여기서 이런 질문이 필요하다.

'나에게만 있는 독특한 것은 무엇일까?'

예컨대 성장하면서 키워온 감각이나 기술 등 어떤 것이라도 좋으니 자신에게만 있는 '참신함'이 필요하다.

이것이 왜 필요할까?

그 이유는 그것이 내가 세계의 일원으로서 인류에게 보내는 선물이기 때문이다. 우리는 세계가 주는 가르침을 받기만 할 게 아니라 '이것만큼은 내가 잘한다!'라는 것을 준비해 함께 나눌 필요가 있다.

중요한 것은 세계화가 진행될수록 자신의 참신함을 분명히 해야 한다는 점이다. 현대는 모든 사람들이 같은 생각을 하는 시대가 아니라 각자의 차이를 이해하면서 자신의 참신함을 활용하는 능력이 중요한 시대다.

나는 대학생 때는 유엔에서 일하고 싶었다. 그래서 유엔 직원에 대하여 알아보니 의외로 영어를 잘하는 것보다 더 중요한 게 있었다. 유엔에서 일하는 사람들은 환경, 개발, 경제, 과학기술 등 특정 분야에서 석사나 박사학위를 지니고 있거나 그것에 상응하는 전문성을 지니고 있었다.

우리는 보통 세계무대에서 활약하는 사람들은 영어에 능통하고 풍부한 국제 감각을 갖추고 있을 거라는 단일 이미지를 갖는 경향이 있다. 하지만 실제로 그 안을 살펴보면 다양한 배경을 가진 사람들이 각자가 가진 능력을 활용하고 있다는 것을 알 수 있다. 그렇기 때문에 다양한 국제문제에 더 잘 대처할 수 있고, 각자가 가진 능력을 이용해 혼자서는 만들어낼 수 없는 흥미로운 것들을 만들어내기도 한다.

국제사회에서 활약하는 사람이 되기 위해서는 철저하게 남들과는 다른 자기만의 개성을 만들어가야 한다. 그렇게 본다면 국내외 어디에서 일하든 필요한 능력은 비슷하다.

일본에는 어류학자이자 배우로 활약하는 '물고기 박사'가 있는데, 그는 물고기를 사랑할 뿐 아니라 그 분야의 최고 전문가다. 이처럼 자신이 잘하는 것이라면 무엇이든 좋다. 물고기도 좋고 잡초라도 괜찮다. 최근에는 유튜브에 자신의 게임 플레이 장면을 올리고 인기를 얻어 그것으로 수입을 올리는 사람도 있다.

어떤 것이든 이것만큼은 내가 누구보다 사랑하고 잘 알고 있다. 그런 것이 있다면 어디서든 활약할 수 있다.

좋은 질문이 좋은 인생을 만든다

이런 건 국내에서나 통할 거라고 미루어 짐작하고 자기만의 개성을 평가절하하는 경우가 있는데, 사실은 그런 능력일수록 중요하다는 것을 명심할 필요가 있다.

자신의 한계를
뛰어넘기 위한
질문

하고 싶은 일을 생각할 때 아무래도 뛰어넘지 못할 것처럼 보이는 벽과 맞닥뜨리는 일이 있다. 이때 가장 먼저 해야 하는 건 다음과 같은 질문을 하는 것이다.

'왜 그 벽이 보이는가?'

사실 벽이 보여서 이 같은 질문을 할 때는 이미 그것을 뛰어넘을 작업이 시작되었음을 알 수 있다. 왜냐하면 벽이 보인다는 건 그 너머에 존재하는 넓은 세계뿐 아니라 이쪽의 자신, 그리고 벽의 정체까지 어느 정도는 보이는 것이기 때문이다.

어린아이가 "난 커서 프로 야구선수가 될 거야!"라고 말하면 주위 어른들은 "그래, 꼭 그렇게 될 수 있을 거야"라고 응원한다. 이때는 벽 같은 건 보이지 않는다. 아이는 그저 TV를 보고 어렴풋이 동경심을 가지는 정도이기 때문이다.

그러나 아이가 자라서 고교 야구에 나가게 되면 동경은 점차 현실로 바뀌고, 결국 기술이나 체력적인 면에서 벽을 느끼게 된다.

벽이 보인다는 건 그만큼 목표보다 자신이 작고 부족하다는 것이 선명히 보인다는 뜻이고, 그 차이로 인해 앞으로 극복해야 할 과제가 명확해지는 것이다.

그렇다면 눈앞에 벽이 보이면 그 다음에는 어떻게 해야 할까?

우선 벽이 고정된 것이라는 잘못된 생각은 버린다. 움직이지 않는 듯 보이지만, 사실 벽은 계속 흔들리고 있다.

내가 노력하거나 고민하거나 배우는 것에 따라서 벽의 모습은 확연히 달라진다.

그럼에도 벽이 절대 변할 리 없다는 생각이 들거나 어떻게 벽을 넘어야 할지 모르겠다면 이런 질문을 해보자.

'그 일에 성공한 사람은 어떤 노력을 했는가?'

'그들은 성공하기 위해 어떤 사람과 관계를 맺었는가?'

이렇게 하면 잘할 수 있다는 뻔한 논리나 노하우가 아니라 살아 있는 정보를 수집하자. 누구나 똑같은 방법으로 성공하는 것처럼 보이지만 성공한 사람들의 사연은 제각기 다르다.

우리는 실제로 그들이 과거에 했던 구체적인 행동패턴을 통해서 많은 힌트를 얻을 수 있다. 의외로 작은 것들이 우리를 성공으로 이끌어준다는 것을 깨닫게 될 것이다.

'어라? 이런 게 도움이 될까?'

'그런 사람과의 관계가 중요할까?'

이런 의외의 발견을 통해 내가 흔들리고 점차 다른 자신이 되어가는 것이 벽을 뛰어넘는 기술을 익히는 비결이다. 그러는 가운데 눈앞의 벽이 홀연히 사라지기도 한다. 자신이 바뀌면 벽도 모습을 바꾸기 때문이다.

좋은 질문이 좋은 인생을 만든다

나와 다른 사람과
마주하기 위한
질문

인터넷의 발달과 함께 국가와 국가 간의 경계가 옅어지고 각양각색의 문화, 역사, 언어를 가진 사람들과의 교류가 증가하는 것이 바로 세계화다.

같은 나라 안에서도 자신과 다른 사람과 만날 기회가 늘어났다. 참으로 다양한 취미가 있고, 각자가 좋아하는 것은 물론 경험해온 것들도 다르다.

모두가 같은 TV 방송을 보고 같은 정보를 공유하는 시대는 이미 끝났다. 더는 다 같이 이것이 좋다고 말하지 않는다. 다른 사람과 어떻게 관계를 맺어야 하는지에 대하여 보다 더 고민해야 하는 시대인 것이다.

나와 다른 사람을 만나 당혹감을 느낀다면, 먼저 이런 질문을 해보자.

'나와 이 사람의 공통점은 무엇일까?'

정말 달라 보여도 결국은 엇비슷한 게 인간이다. 나와는 다른 먼존재처럼 보여도 인간이라면 누구나 자신과 주변 사람들의 행복을 바란다는 공통점을 갖고 있다. 이는 모두가 바라는 기본적인 소망이다.

다른 문화권으로 여행을 떠나 그곳에서 맥도널드나 스타벅스를 만나 안심했다는 이야기를 자주 듣는다. 어째서 그런 걸까? 아마도 타국에서 나에게 익숙했던 것을 만나 안도감을 느꼈거나 이런 다국적 기업들이 전 세계 공통의 가치관을 제공하기 때문이 아닐까.

맥도널드나 스타벅스에서 사람들이 시간을 보내는 모습은 엇비슷하다. '배가 고프다' '맛있는 걸 먹고 싶다' '즐거운 시간을 보내고 싶다'……. 그곳을 찾은 사람들이 이런 비슷한 욕구를 갖고 있다는 걸 알기에 왠지 안심이 되는 것이다.

전혀 관계없어 보이는 사람일수록 '나와의 공통점은 무엇인지'를 탐색한다.

그것을 근거로 그 다음에 해야 할 질문을 한다.

'그 사람은 나와 어떻게 다른가?'

여기서 말하는 '차이'는 피부색이나 눈동자 색깔, 종교 같은 구체

좋은 질문이 좋은 인생을 만든다

적으로 명시할 수 있는 것이 아니다. 그보다는 '왜 그런 식으로 행동하는지'를 추측하면서 확인할 수밖에 없는 차이를 말한다.

이렇게 나와 타인의 차이를 물음으로써 지금껏 자신이 몰랐던 것, 상상도 할 수 없었던 것이 '그'라는 존재를 구성하고 있다는 사실을 헤아릴 필요가 있다. 요컨대 차이라는 건 상대에 대한 '존경'으로 표현되지 않으면 안 된다.

예컨대 우리나라를 찾은 여행자가 있다고 하자. 그들은 대개 우리나라의 문화를 잘 모르는 채로 찾아온다. 그러나 그들이 문화의 차이를 존중하고 열린 자세로 '이곳의 문화를 배우자'라고 생각한다면, 우리는 그 사람을 멋지다고 생각할 것이다. 우리가 다른 나라에 갈 때도 마찬가지다.

내가 잘 모르는 것에 대한 배려, 상상, 존중이 있다면 자신과 다른 타자와 마주설 수 있다.

'아직 내가 모르는 멋진 보물들이 이곳에 있다'는 생각을 갖고 다른 문화에 들어설 수 있다면 손쉽게 그 문을 열 수 있을 것이다.

타인에 대한 상상력을 가지는 것, 그것이 미지의 세계로 향한 문을 연다. 그 상상력을 자신의 것으로 만들면 나와 다른 타인과 마주하는 것이 더 이상 불안이나 공포가 아닌 기쁨의 원천이 될 것이다.

원인을
규명할 때의
질문

기대를 모으던 프로젝트나 대대적으로 홍보한 신상품 판매가 실패로 끝났을 때, 회사에서는 관계자들이 모여 일명 반성의 자리를 가진다.

물론 어떤 일이 생각했던 것만큼 잘 되지 않은 원인을 규명하는 건 중요한 일이다. 적극적인 자세로 왜 실패했는지 그 이유를 정확하고 성실하게 집어낼 수 있다면 다음번에는 기회를 살릴 수 있기 때문이다.

하지만 애석하게도 반성의 자리는 책임자를 추궁하는 자리가 되어버리거나, 실패에 대해 책임질 사람을 찾기 위해 서로를 공격하다 끝나기 일쑤다. 결국 중요한 것은 흐지부지되어 버린다.

좋은 질문이 좋은 인생을 만든다

실패의 원인을 철저히 분석하고 다음에 찾아올 기회를 살리기 위해서는 좋은 질문이 필요하다.

먼저, 절대로 해서는 안 되는 질문이 있다.

'누구 때문에 일이 이 지경이 되었는가?'

누구 탓인지 확실히 한다고 해서 문제가 해결될까?

그렇지 않다. 사실 실패는 누구나 하는 것이다.

책임자를 찾고 그 사람을 내치는 것으로 개운해하는 사람도 있을지 모른다. 하지만 원인 규명은 누구 한 사람에게 책임을 덮어씌우는 게 아니라 '논리'로 해야 하는 것이다.

그리고 적극적으로 논리를 펼치기 위해서는 이런 질문부터 해야 한다.

'어디서부터 일이 원활히 진행되지 않았나?'

일이 원활히 진행되지 않을 때는 어렴풋이 '이걸로 될까?'라는 불안이나 우려가 생기는 법이다. 사실 그 위화감을 알아차릴 수만 있다면 진행하는 도중에 궤도를 수정할 수 있겠지만 대부분은 그냥 지나치고 만다.

'이걸로 될까?'라는 생각이 떠오른다면 어딘가에 실패의 원인이 존재할 가능성이 크다. 따라서 같은 실수를 반복하지 않기 위해서는 이 것에 대하여 확실히 반성하는 게 좋다.

다음의 질문도 좋을 것이다.

'왜 그것을 멈추지 못했는가?'

어렴풋이 생각처럼 일이 진행되지 않는다는 걸 알고 있었음에도 타성에 젖어 추진하다가 실패하는 경우가 많다. 회사의 상사가 강하게 밀어붙이거나 기대를 한 몸에 받고 있는 일이라면 도중에 멈추는 데는 엄청난 용기가 필요하다.

그런 탓으로 마음 어딘가에서 어렴풋이 위화감이 느껴져도 못 본 척 외면한다. 이렇게 굳이 하지 않아도 되었을 일을 '괜찮다'며 해야만 했던 배경을 파헤치면 다음번에 어떤 식으로 행동해야 할지 그 개선책이 보인다.

실패하는 것은 나쁜 것이 아니다. 진짜 문제는 이번의 실패를 다음번의 성공으로 살리지 못하는 것이다. 실패했을 때 그것을 책임질 사람을 찾기보다는 누구에게나 있을 수 있는 일로 여기고 문제가 된 부분들을 인정해야 다시 성공의 기회를 얻을 수 있다.

좋은 질문이 좋은 인생을 만든다

자신의 바람이
이루어지지 않을 때의
질문

중요한 미팅을 앞두고 있는데 악천후나 예기치 못한 사고로 비행기 출발이 2시간이나 지연되었다, 혹은 전차가 멎었다……. 분명 내 탓은 아니지만 속수무책으로 일을 망치기 직전이다.

이런 불운을 만나면 나도 모르게 공항이나 역의 직원에게 불같이 화를 내기도 한다.

우리는 자신의 이익이 침해당하면 흔히 남 탓으로 돌리는 경향이 있기 때문이다. 차분히 생각해보면 비행기가 늦게 이륙하는 것도 전차가 멈추는 것도 직원의 잘못은 아니다. 하지만, 감정이 격해져서 일단 눈앞에 있는 관계자에게 마구 불평을 쏟아내고 보는 것이다.

그런데 이럴 때는 상대를 붙잡고 불평불만을 늘어놓는 대신 이렇게 물어야 한다.

'지금 내가 할 수 있는 일은 무엇인가?'

시간에 늦더라도 미팅이 끝나기 전에 도착하려면 어떻게 해야 하는가? 고속철도나 택시, 버스 등 다른 교통수단을 검토해보는 건 어떨까?

내가 최선을 다하면 적어도 상대에게 그 성의가 전해진다. 그러면 상대도 여러분의 탓이 아니라는 걸 충분히 이해해준다.

다른 교통수단이 없어서 꼼짝할 수 없는 상황이라면 아예 포기하고 주변 호텔에 묵거나 집으로 다시 돌아가는 게 낫다.

타인에게 책임을 추궁하고 몰아세운다고 해서 사태가 달라지지는 않는다. 상대 또한 고객의 고충에 대응하느라 정작 중요한 일을 할 수 없게 되고, 결국 서로를 원망하게 될 뿐이다. 아무리 궁리해도 해결책이 보이지 않는 상황이라면 생각을 180도 바꿔 기분이 좋아질 방법을 고민하는 편이 낫다.

도저히 어찌할 방도가 없어 보이는 불운일지라도 반드시 할 수 있는 일이 있다. 아무런 노력도 하지 않고 감정으로 호소하기 보다는 '나와 상대가 함께 기분 좋아지려면 무슨 일을 해야 할까?'라고 질문해본다.

좋은 질문이 좋은 인생을 만든다

자신의 잘못이 아니므로 포기할 수밖에 없는 건 포기하고, 불운한 상황에서 한 발 떨어져 자신이 할 수 있는 일에 집중한다. 이것이 바로 1장에서 말한 최고의 노력이다.

　말기 암으로 이미 손을 쓸 수 없는 상태에 있는 배우자를 돌보는 사람이 있다. 이처럼 절망적이고 슬픈 일도 없을 것이다. 그러나 실제로 그들의 이야기를 들어보면 그런 상황 속에서도 '행복한 순간'이 있다고 한다.

　예컨대 잠시 밖에 나와 붉게 물든 노을을 바라보고 행복감에 젖거나 침대시트를 새것으로 바꿔주는 것만으로 환해지는 배우자의 얼굴을 마주할 때 기쁨을 느낀다고 한다. 이렇게 자신이 할 수 있는 작은 일을 하는 것만으로도 얼마든지 즐거운 삶을 살아갈 수 있다.

　얼핏 도저히 어찌해볼 수 없는 것처럼 보이는 일도 조금만 노력하면 얼마든지 그 해결책을 찾을 수 있다.

　그리고 그런 발견에 능숙한 사람일수록 배우자가 세상을 떠나는 것과 같은 참기 어려운 충격이나 좌절이 닥쳐도 빨리 회복한다.

　아무리 최악의 상황이라도 내가 할 수 있는 작은 일을 고민하고 나와 상대가 함께 기분 좋아지는 순간을 만들겠다는 마음가짐을 갖는다. 그것이 결국 여러분이 살아가는 방식이 되어줄 것이다.

장차
무엇을 하면 좋을지
모를 때의 질문

인생을 살다보면 도무지 무엇을 해야 할지 모를 때가 있다. 고등학교를 졸업한 후 가고 싶은 대학의 학과나 직업을 선택할 때도 그렇고, 어른이 되어 어느 길로 가야할지 망설일 때도 그렇다.

무엇을 하면 좋을지 모르겠다는 사람은 다음의 질문을 해보자.

'지금까지 나는 무엇에 감동해왔는가?'

인간은 감동을 근간으로 살아간다. 감동을 선사한 것은 견인차가 되어 그 사람의 인생에서 중요한 포인트를 만든다.

내 인생을 돌아보면 매우 깊이 감동한 분야가 두 가지 있다. 여기까지 읽은 사람이라면 벌써 눈치챘겠지만, 그것은 과학과 예술이다.

어릴 적부터 흥미를 갖고 쫓아다닌 '나비'는 내게 자연이라는 매우 복잡하고 다양한 세계를 보여주었다. 또 알베르트 아인슈타인의 전기를 읽었을 때는 '지금껏 없던 우주관을 발견했다! 그것을 이렇듯 개성적인 방법으로 해냈구나!'라는 생각에 번개에 맞은 듯 강렬한 충격을 받았다.

예술에 처음 감동한 것은 다섯 살에 오스트리아의 피아니스트 알프레드 브렌델이 연주한 베토벤의 〈월광〉과 〈열정〉을 처음 들었을 때였다. 그 후에는 나쓰메 소세키의 작품에 몇 번이고 감동했다.

뇌 과학이라는 분야에 몸담고 있으면서 예술이나 문학에도 관심을 두는 나의 스타일은 결국 어릴 적의 감동을 좇은 결과다.

'나는 무엇에 감동했는가?'라는 질문이 중요한 이유는, 그것을 통해 자신이 어떤 사람인지를 이해할 수 있기 때문이다. 또 우리는 과거에 자신이 감동한 것에는 얼마든지 열심히 노력할 수 있다.

어떤 일을 하려면 수많은 장애물들이 등장하기 마련이다. 그러나 자신에게 감동을 선사한 것이라면, 그래서 지금 다시 그 감동을 느낄 수 있다면 눈앞의 역경을 뛰어넘기 위해 노력할 수 있다.

예컨대 어느 서예가는 젊은 시절 미대 진학을 포기했다. 주위 사람들이 "미대에 가면 먹고살기 힘들다" "그림은 직업이 되지 않는다"라고 강하게 만류했기 때문이다.

그 사람은 결국 서예가로 활약하다 최근에 다시 그림을 그리기 시작했다.

화가로 활동하면서 먹고사는 문제를 해결하려면 엄청난 노력이 필요하다. 하지만 과거에 자신이 감동했던 것이기에 성공할 수 있을지 없을지 알 수 없어도 즐겁게 해나갈 수 있고, 아무리 고된 역경이 닥쳐도 뛰어넘으려고 노력하게 된다.

그렇다면 자신이 감동한 일 자체를 할 수 없는 상황이라면 어떨까? 예를 들어 음악 애호가라면 프로 연주자가 되지 못한다고 해도 음악이라는 세계의 어느 한 구석에 몸담고 할 일을 찾으면 된다. 음악에 감동한 기억이 있다면 그것을 위해 얼마든지 노력하고 참아낼 수 있을 것이다.

이처럼 생계를 위해 하는 일이라고 해도 그 일이 자신이 품고 있던 감동의 기억과 이어진다면 기꺼이 즐거운 마음으로 할 수 있다.

사람과의 관계에 감동한 적이 있다면 타인과의 소통이 중심이 되는 일을 해보는 것도 좋을 것이고, 자신이 한 일에 사람들이 기뻐하는 모습에 감동했다면 사람들에게 기쁨을 선사하는 일을 하면 좋을 것이다. 이런 식으로 생각하면 자기가 할 일은 얼마든지 찾을 수 있다.

좋은 질문이 좋은 인생을 만든다

따라서 무엇을 하면 좋을지 망설여질 때는 '내가 살아오는 동안 감동한 것은 무엇인가?'라고 질문해보자.

여러분이 살아오면서 감동한 것은 무엇인가?

더 나은 인생을
살아가기 위한 질문력

　이 책에서 나는 여러분의 현실을 바꿀 계기가 되어줄 질문력에 대하여 이야기했다.

　질문하는 것은 사실 '살아가는' 것 그 자체라 할 수 있다.

　질문은 자기 안에 무언가 부족한 것이 있다고 자각하는 데서 시작된다. 이 '무언가 부족하다'는 마음이야말로 우리를 움직이는 힘이다.

　'배가 고프다!' '그러면 뭔가를 먹자.'

　'왠지 쓸쓸해!' '그러면 누군가를 만나자.'

　'어딘지 불만스럽다.' '그러면 호기심을 가지고 새로운 것을 해보자.'

　'모르는 게 많다.' '그러면 배우자.'

　'싫증났다.' '그러면 신선한 것을 만들자.'

　이처럼 우리는 자신에게 부족한 것을 인식함으로써 풍요로운 인생을 만들어갈 수 있다. 그리고 이런 자각은 지금보다 더 나은 인생을 살아가는 계기가 되어준다.

나를 변화시키기 위해서는 세상이 말하는 '정답'에 억지로 자신을 꿰어 맞추기보다는 나에게 없는 것을 냉정하게 자각하고 문제를 제기해야 한다.

우리가 살아가는 이 시대는 크게 변화하고 있다. 인공지능의 등장으로 인간의 업무 내용도 달라지고, 인터넷 등 정보 네트워크의 발달로 국경이 무의미한 글로벌한 시대가 되었다.

이러한 시대에는 우리에게 요구되는 질문도 당연히 변한다. 질문력은 앞으로 더욱 변화하고 진화하여, 인간이 어떻게 살아가야 하는지에 대한 답을 알려주고 우리 삶을 든든히 지원해줄 것이다.

예컨대 지금까지는 질문이라고 하면 답이 정해져 있고 점수를 겨

루는 게 일반적이었다. 이것은 레드오션의 질문력이라고 할 수 있다.

모두가 맹렬히 경쟁하는 레드오션에서는 하나의 '정답'에 누가 가장 빨리 정확하게 도착했는가에 따라 순위가 정해지고 그것만이 중요하다. 개성적인 질문따위는 필요 없다.

그러나 블루오션에는 이와는 전혀 다르다. 여기서는 오히려 오랫동안 답이 나오지 않는 것, 누구도 답을 모르는 질문을 한다. 그리고 그 답을 찾아나가는 동안 나와 세계가 변화한다.

질문하는 것은 내가 세상과 마주하는 방법과 태도를 만드는 것이기도 하다.

어린 시절에 우리는 '식사할 때는 등을 똑바로 펴야 한다' '아는 사람을 만나면 꼭 인사해야 한다' 등등 여러 가지 예의범절을 배운다.

그런 예의범절을 지킬 때 사람들에게 '태도가 좋은 사람'으로 평가받는 것처럼, 좋은 질문을 할 수 있는 사람은 '긍정적으로 세계와 맞서는 태도'로 주의를 끈다. 질문에는 그 사람이 살아가는 태도가 나타난다.

자기 자신과 세상에 대하여 좋은 질문을 한다는 것은 장차 스스로 살아갈 길을 개척하고 긍정적인 자세를 가진다는 증거가 된다. 질문력이 있는 사람은 '나답게 살아갈 자세를 갖춘 사람'이다.

현대는 정답이 없고 끝없이 변화해가는 위태로운 시대로 보이지만, 뒤집어 보면 그것은 우리에게 보다 즐거운 인생을 맞이할 기회가 있다는 뜻이기도 하다. 이 기회를 살릴 수 있을지는 순전히 질문력에 달렸다.

이 책에서는 그러한 질문력이란 무엇이고, 그것을 단련하기 위해서는 어떻게 해야 하는지에 대해 몇 가지 힌트를 소개했다.

지금 당장 좋은 질문을 하지 못한다 해도 상관없다. 그러나 이 책을 사용하여 앞으로 일상생활 속에서 조금씩 질문하는 연습을 함으로써 여러분의 인생이 멋지게 변모해간다면 기쁘겠다.

이 책을 기획해준 이와자키 히데히코 씨, 가와데쇼보 신샤의 다카기 레이코 씨, 원고 집필에 도움을 주신 온조 아야코 씨에게 큰 신세를 졌다. 세 분의 도움이 없었다면 이 책은 완성되지 못했을 것이다. 진심으로 고맙다는 인사를 드리고 싶다. 또한 이 책을 읽어주신 독자 여러분에게도 감사의 인사를 드린다.

모쪼록 즐거운 인생을 사시길 바란다!

모기 겐이치로

아우름²³

좋은 질문이
좋은 인생을 만든다

1판 1쇄 발행 2017년 8월 7일
1판 5쇄 발행 2022년 8월 29일

지은이 모기 겐이치로
옮긴이 박재현
펴낸이 김성구

콘텐츠본부 고혁 조은아 김초록 이은주 김지용
디자인 이영민
마케팅부 송영우 어찬 김하은
관 리 박현주

표지 패턴 홍서진

펴낸곳 (주)샘터사
등 록 2001년 10월 15일 제1-2923호
주 소 서울시 종로구 창경궁로35길 26 2층 (03076)
전 화 02-763-8965(콘텐츠본부) 02-763-8966(마케팅부)
팩 스 02-3672-1873 **이메일** book@isamtoh.com **홈페이지** www.isamtoh.com

한국어판권ⓒ (주)샘터사, 2017. Printed in Korea.

ISBN 978-89-464-2065-6 04190
ISBN 978-89-464-1885-1 04080(세트)

값은 뒤표지에 있습니다.
잘못 만들어진 책은 구입처에서 교환해 드립니다.